幽默感

Sense of Humor

成为学生更喜欢的老师

陈锡——著

中国人民大学出版社
·北京·

幽默感就是分寸感。

——[黎巴嫩]纪伯伦

目录
Contents

二、旁敲侧击间接批评

三、反向批评

四、自圆其说

五、借力打力

六、以调侃应对调侃

当教育遇见幽默

“不能迟到”“不能在晚修课上讲话”“必须按时交作业”“必须保持教室的清洁”……初为人师时，“不能……”“必须……”都是我教育学生的口头禅。那时，我认为，严肃、直接的教育方式一定会换来好的教育效果。但实践证明，这种教育方式的效果并不理想，甚至很差。为何会这样？我苦苦思索，通过阅读教育杂志，浏览教育名家的文章，我终于领悟到：我的教育专业素养还远远不够。

于是，我走上了不断学习、自我提升的修炼之路，开始如饥似渴地阅读众多教育名家的著作。在学习的过程中，我发现很多教育名家都具备一个共同的特质——幽默感。

例如，王晓春老师就曾经成功地将幽默应用到班级管理中。有一天，因为下了冬天里的第一场雪，学生异常兴奋，课间都在玩雪。直到上课铃声响起，教室里仍然乱作一团。甚至连王老师喊“起立”后，学生依然无法安静。于是，王老师耐心地等待学生自行安静后，突然说：“昨天的天气预报播报错了！应该这样报：‘明天阴有小雪，人心浮动，教室大乱’。”结果学生都笑了，注意力也慢慢地集中起来。据说，后来学生在那堂课上的表现非常好。这个案例让我深刻地认识到：幽默具有“四两拨千斤”的作用，它可以轻松、高效地解决许多教育管理难题。可见，我的班级管理效果之所以不理想，就是因为我的管理方法过于严肃、直接，缺少幽默元素。

又如，于永正老师在表扬一位学生认真听同学朗读课文《我爱故乡的杨梅》时，是这样幽默地表述的："小建最投入，他在边看边听的过程中，使劲地咽过两次口水。"于老师的话把学生逗得哈哈大笑，然后他顺势引导学生学习边读课文边想象情节的读书方法，课堂教学效果非常好。这个案例让我充分认识到：幽默元素不仅可以应用于班级管理中，还可以应用于课堂教学中。教师可以通过使用幽默风趣的语言，让课堂教学变得更高效、更轻松。

从此，我对幽默感产生了浓厚的兴趣，开始搜集各种有关幽默感的资料进行学习。在研究中我发现，具有幽默感的教师更有魅力，更受学生欢迎。良好的师生关系是教育的基础，而幽默感则是建立良好师生关系的良方。当学生犯了错误时，如果教师能根据实际情况，有分寸地进行幽默化处理，就可以让学生感受到来自教师的善意、理解和宽容，消除他的抵触或叛逆情绪，从而更乐意接受教师的教育引导。当教师在课堂教学中使用幽默风趣的语言，将原本晦涩难懂的知识点深入浅出地讲述出来时，学生学习的积极性就会瞬间被激发，从而使课堂教学更高效。对此，著名演讲家海因兹·雷曼麦曾说过，用幽默的方式说出严肃的真理，比直截了当地提出更容易让人接受。

在进一步的学习研究中，我对幽默有了更深刻的认识。

幽默乃外来词，由英文 humor 音译而来，是有趣或可笑而意味深长的意思。有趣或可笑，体现了人们追求愉悦的心理需要；意味深长，说明了幽默的基础是思想健康且情趣高尚。

幽默不是低级笑话。例如，教师不应该笑话学生："你今天的坐姿不端正，看起来就像一摊烂泥。"如此嘲笑、挖苦学生的所谓"笑话"不是幽默。或许教师只是想提醒学生注意坐姿，或许教师只是想调节气氛，无意伤害学生。但是说者无心，听者有意。学生会认为教师是在取笑他，会感到非常难堪，从而导致师生关系紧张。

幽默不是恶意吐槽。例如，教师不应该向学生吐槽："你这次考试的成绩太差了，完全不如以前。”“你这次的作业做得太差了，不如 ×× 做得好。”这样的话语不仅有损教师的形象，而且会伤害学生的自尊心。

幽默不是油嘴滑舌。如果教师说话油滑，就会让学生感觉教师不够真诚，认为教师在戏弄自己，从而对教师产生反感。

因此，教师切不可滥用幽默，千万不要为了幽默而幽默。

教师运用幽默艺术要遵守两条原则。

一是与人为善。教师要让自己的幽默达到与人为善的效果，就需要学会包容学生。在使用幽默时，教师绝不能对学生进行人身攻击。例如，教师绝不能拿学生的隐私或生理缺陷开玩笑，不能触碰学生的痛处，要时刻尊重学生。

二是爱与信任。教师在和学生交流时，绝不能高高在上，应该和学生保持情感上的平等，学会与学生平等对话。教师只有用平和及关爱的语言、真诚及善意的态度对待学生，让学生感受到教师的爱与信任，才能引起师生思想及情感上的共鸣。

随着学习的不断深入，我开始思考，教师能否变得幽默，如何才能变得更幽默。于是，在教育工作中，我一边有意识地把幽默元素应用于教育实践，一边总结、提炼教育教学中的幽默智慧。未曾想，我的班级管理工作越来越得心应手，学生也越来越喜欢我的课堂教学，我逐步成长为一名受学生欢迎的教师。在每学期的教学评价调查中，学生都评价我是一位幽默风趣的老师。后来，我把部分幽默施教的案例发布到教育论坛上，得到了许多网友的好评。

本书是我多年来幽默施教的案例及经验总结，相信阅读本书后，您会有如下收获。

一是养成幽默思维。当教师具备了独特的幽默思维方式后，幽默就会内化于心，外化于行。

二是掌握一些幽默工具。比如，夸张、拟人、谐音、自嘲等，每一个幽默工具，都具有自身的特点。只有掌握了这些工具，教师才会知道，如何在平时的教育工作中，得心应手地使用幽默，有效地化解师生矛盾，营造愉快的课堂氛围，赢得学生更多的喜爱。

三是学会在教育实践中运用幽默。经过学习，教师能够把幽默的思维方式和工具运用到平时的教育工作中，解决在教育过程中遇到的具体问题。通过学以致用，教师会逐渐感悟到，幽默是一种生活态度，幽默会让我们的教育生活充满欢声笑语。

让我们一起努力，成长为幽默的、更受学生欢迎的教师吧！

第一辑

教育管理的幽默智慧

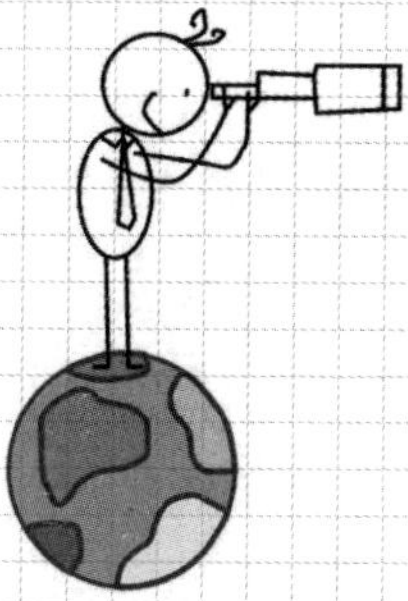

在现实生活中，我们发现一些教师习惯于对学生进行生硬的，甚至不近人情的管理。因为总是接收到来自教师的否定、指责、讽刺及挖苦等不良信号，学生的逆反情绪被激发，最终导致师生关系紧张，教育管理陷入混乱。

学校管理的最终目标并不是让学生乖乖就范，而是让学生在教师的引导下自我反思、自我教育、自我管理，这才是正确的管理理念。评价一位教师是否善于管理，绝不能只看他是否管住了学生，还要分析学生被管理时是否受到了教育。

管理学生绝不是一门简单的学问。在教育管理中，教师如何成为一个以生为本的教育型的管理者，而不是以任务为本、以自我为中心、只考虑个人业绩的单纯的管理者？我认为适当运用幽默是一种挺不错的方法，它能尽量避免教师做空洞说教的无用功。

心理学研究表明，人的心理更容易接受肯定、赞美及欣赏等积极信息。在教育管理中，如果教师运用幽默艺术，学生就会看到教师宽容大度、可爱可亲的一面。只有让学生体会到教师对他们的赏识、关心及爱护，学生才会尽量把他们人性中美好的一面展现出来。

在平时的教育管理中，我尽量采取幽默化的处理措施。实践证明：幽默化处理因为其形式新颖有趣，总会带给学生眼前一亮的感觉，让教育“润物细无声”，学生会从心底喜欢并认同教师的引导；幽默化处理还会于无形中架起一座师生心灵沟通的桥梁，营造一种融洽愉快的氛围，让学生身心得到放松，不但让学生乐于接受教育，而且有利于学生自我反省、自我完善。

一、夸张

1. 为什么受伤的总是我

“同学们，今天我从五楼办公室走到我们八楼教室，真不容易呀。”早上第一节课上课后，面对昏昏欲睡的学生，我没有直接讲课，而是聊起了这些。

很多学生一脸迷惑。

“因为我这一路都是迈着别扭的太空舞步走过来的。”我一边说，一边在学生面前“表演”夸张滑稽的太空舞步，学生看得哈哈大笑，脸上却依然充满疑惑。

“因为今天的地面真的是太……”我继续说道。

“太滑啦！”还没有等我说完，学生恍然大悟，他们大声补充道。

“是呀，今天因为天气原因，地面非常湿滑，请同学们课间走路时一定要注意安全哦。如果不小心跌倒的话，你就不得不唱起那首歌。”我继续说道。学生看着我，脸上又是一阵疑惑。

“为什么受伤的总是我？到底我是做错了什么？”我大声地哼起来。

学生顿时笑得前仰后合，掌声也响了起来。

就这样，课前安全教育在幽默欢快的气氛中结束，学生也变得精神抖擞。

锡言锡语

本案例中，教师运用了夸张+哼唱的幽默工具。

安全教育是班主任工作的重中之重。班主任要经常进行安全教育，若每次都用一样的模式说教，不仅学生会觉得啰唆无聊，而且教育效果也会越来越差。如果教师偶尔采用能带给学生惊喜的幽默模式，通过现身说法，一边夸张搞笑表演，一边哼唱应景的歌词提醒学生注意安全，那么学生既会更加注意安全问题，又会印象深刻。

2. 做一个不容易受伤的人

某天晚上睡觉时，我不小心落枕了。

第二天，我的脖子僵硬不适。上课期间，我扭头板书时明显没有以往那么自然利索。

学生的眼神中流露出一丝疑惑。

“报告。”上课 5 分钟后，峰搀扶着走路一瘸一拐的林从外面走进来。课前，体育委员已经向我汇报，刚才上体育课打篮球的时候，林不小心扭伤了脚踝，峰帮忙处理，所以这节课他们会迟点儿回来。

这时，全班同学的目光都集中在峰和林的身上。我觉得，我应该说几句了。

“同学们，近来我们班挺容易受伤的。三天前有几个同学患了感冒，两天前有一位同学骑自行车不小心被撞，今天这位同学上体育课又扭伤脚踝。还有，我今天早上醒来时竟然发现自己莫名其妙地落枕了，现在我的颈部正疼得厉害呢。”我看着大家说道。全班同学的目光聚焦到我的身上。

“希望我们以后都能增强健康和安全意识，都成为不再那么容易受伤的奥特曼大超人，每天都能好好学习、天天向上，好不好？”我大声倡议道。

“好！”全班同学笑着回应。

锡言锡语

本案例中，教师运用了比喻 + 夸张的幽默工具。

如何对学生进行安全教育？案例中的教师现身说法，首先通过举学生及自己的例子，让学生明白增强安全意识的重要性，然后运用比喻 + 夸张的幽默工具，祝愿学生“都成为不再那么容易受伤的奥特曼大超人”，最终让学生在愉快的氛围中再次接受安全教育。

3. 锡哥很生气，后果很严重

“同学们，经过观察，我发现之前三次大课间跑步，我们班居然打破了全年级的一个记录。”某节班会课上，我看着学生说道。

学生都好奇地瞪大了眼睛。

“这个记录就是，我们班跑步的人数连续三次都是全年级最少。”

学生的神情马上由好奇变成失望。

“为什么最少呢？我查阅了请假记录本后才知道，原来我们班居然是全年级最容易受伤的班。”

学生又好奇地瞪大了眼睛。

“我发现，请假记录本上每天都记录着很多同学因为受伤或者身体不适而无法跑步的情况说明。受伤的类型有脚伤、腿伤、腰伤、手伤等。看着这些记录，我的心也非常受伤。”

学生会意地大笑起来。

“而身体不适的类型有肚子痛、胃痛、头痛、腰痛等。当我看着这些总是被病痛折磨的同学的名字时，你们知道吗，我那颗受伤的心刹那间变得更痛了。因为我是你们的班主任哪，看到你们的命运如此悲催，我能不悲痛欲绝吗？”

学生再次会意地大笑。

“大家能否从今天开始，好好地治愈自己的伤痛，保证明天跑步时不再让我受伤呢？”

“能。”全班同学笑着回答。

“好，那从明天开始，大课间我都会站在我们班的集中点，‘痴痴’地等着你们下来集合。如果身体不适，就现场向我请假，好吗？”

“好！”学生继续笑着，齐声回答。

“如果哪位同学狠心不下来呢，那就太伤害我的感情了，我会很受伤、很伤心的，甚至会变得很生气。如果锡哥很生气，后果会怎样？”

“锡哥很生气，后果很严重。”全班同学大笑着回答。

“你们想惹我伤心和生气吗？”

“不想。”学生笑着，齐声响亮地回答。

第二天，大课间跑步的情况终于得到极大改善。

锡言锡语

本案例中，教师运用了夸张的幽默工具。

针对学生不重视、怠慢大课间跑步的不良现象，教师没有采取一般的晓之以理的说服教育，而是一反常态，通过夸张的语言来逗笑学生：为学生感到“悲痛欲绝”，“痴痴”地等待学生集合，“锡哥很生气，后果很严重”。教师在逗笑学生的同时，也让学生知道教师对大课间跑步的高度重视，让学生在笑声中自我反省并改正。

4. 作弊的男生

有一次化学课堂测试，平时成绩糟糕的小华居然得了 93 分，名列全班第一名。他的答案竟然和标准答案基本一致，明显是作弊。

经暗中调查，原来是小华趁监考老师不注意，倚着自己座位的“优势”（教室后面角落），偷偷用手机上网搜答案。小华的学习基础差，家庭贫困，一直以来，他都希望取得好的成绩并考取好的大学，但无论他怎样努力，都进步甚微。不断遭受打击的他逐渐变得自卑，于是头脑简单的他，选择通过作弊来求得虚幻的分数，以满足自己内心对优异成绩的极度渴望。

为了保护小华的自尊，我决定不把此事上报到学校（如果学生考试作弊，学校会公开处分），而是在班上进行一次特殊的幽默化处理。

第二天的化学课上，我照例把课堂测试成绩优秀的学生名单及分数逐个投影出来进行表扬。这时，我观察到小华睁大眼睛，紧张地看着投影，但是我没有投影出小华的成绩。看到没有自己的名字，小华好像一下子明白了是怎么回事儿，他的脸刹那间变红了，然后他埋下了头。

这时，班上一位男生突然喊了一句："咦，怎么没有投影出小华的成绩呢？"（我事先特意暗中安排的情节）

此时，我用故作夸张的表情及满怀抱歉的语气说："哎呀，我忘记登记上去了呢，我真是大罪人哪，请原谅我吧。好像还是高分呢，无奈最近我得了健忘症，具体分数我都忘记了。这次就算了吧，下次继续努力。锡哥我现在对着全班同学发誓，如果下次的成绩仍然足够优秀的话，我就一定登记上去。若再忘记，则任君惩罚，绝不回击。"这时，一些学生似乎明白了我话中有话，他们都大笑起来。小华也不好意思地低着头跟着笑。

后来，我找到小华，但我没有和他讨论课堂测试时作弊的事情，而是帮他分析学习及生活上的问题，跟他探讨哪些是更适合他的学习方法，并鼓励他继续努力，依靠自己真正的实力取得更好的成绩。小华心悦诚服地接受了我的建议，并表示他一定会更加努力，不再让老师失望。

后来，小华学习更加积极了，虽然他的成绩依然不够理想，但是再也没有作弊。

锡言锡语

本案例中，教师运用了夸张的幽默工具。

单纯天真，心中没有评判善恶美丑的标准，有时会犯一些低级无聊的错误，这是中学男生的共性。作为教师，面对男生的"离经叛道"，一定要冷静应对。一般的说教，往往效果甚微。所以，面对犯错的男生时，教师不妨另辟蹊径，以寻求解决之道。

案例中，教师在导演的情景中夸张地称自己为"大罪人"，让学生在一种愉悦的气氛中反思自我，取得了良好的教育效果。

5. 让学生在情景回放中深刻反思

一天上午，小明不小心踩了小峰一脚。由于两人之前有过摩擦，小峰便对小明不依不饶，非要踩回去，小明不肯就范。两人先争吵了几句，后来互相推搡，闹得非常凶，若不是被周围同学及时拉开，他俩早就打起来了。事后，他俩愤愤不平地到办公室找我告状。我让他俩先回教室，告知他俩下午再作处理。

我来到教室，找到两名目击者，了解详细情况后，告知他们我的计划，他们都表示愿意配合。中午放学后，我再次来到教室，让那两名目击者模仿小明和小峰发生纠纷的全过程进行表演，我则拿起手机录像。两位目击者很有表演天赋，在我的导演下，他们把吵架双方当时的一举一动都演绎得惟妙惟肖，而且动作神情都异常夸张搞笑。

下午放学后，我让小明和小峰来到办公室，给他们看情景回放的视频。看着表演者夸张的动作及表情，听着双方偏激不讲理的对话，"欣赏"着滑稽搞笑的表演，小明和小峰开始惊讶，接着沉默，后来则不好意思地偷偷地笑了。

"怎么样？你们觉得自己上午的表现精彩吗？""不，不，一点儿也不精彩，太丑陋了。"他俩不约而同地回答。

"想让全班同学一起来'欣赏'这段视频吗？"我继续微笑地看着他俩追问。"不，不，太丢人了。"他俩一致地回答。

后来，他俩分别向我上交了一份反思非常深刻的说明书，之后俩人还成了好朋友。

处于青春期的学生之间发生一些小矛盾、小纠纷是很正常的事情。对教师来说，避免此类问题的理想方式是尽力做到未雨绸缪。教师在平时既应加强学生礼貌待人、尊重他人等日常行为规范的教育，同时也要教给学生一些待人接物的小技巧。如果以上工作都做好了，学生之间还是发生纠纷，那就不妨采取一些幽默化的艺术处理方式，也许会收到意想不到的效果。

锡言锡语

本案例中，教师运用了事件回放 + 夸张的幽默工具。

学生闹矛盾找教师处理，教师不急于出招儿，而是先让目击者进行表演，其间不仅录制视频，而且让表演夸张搞笑，然后请当事学生一起观看回放。教师通过这样的方式处理学生之间的矛盾，既逗趣了学生，又让学生在一种不一般的搞笑气氛中深刻反省自我、改过自新。

6. 苦果

有段时间，班上部分学生出现了早恋的苗头。虽然此乃正常现象，但是教师通过适当的干预，引导学生更加理智地处理情感问题还是颇为必要的。

一节班会课上，在学生惊讶的目光中，我手拿一根还有点儿生的香蕉走上讲台。

“请一位同学上来品尝一下这根香蕉吧。”我看着学生发出邀请。

此时，在大家疑惑的目光中，男生小辉（我在课前安排好的）快速地走了上来，从我手上拿过那根香蕉就吃了起来。

小辉只吃了一口，马上就皱起了眉头，然后张大嘴巴连连向我们摇头，那夸张的表情引得同学们哄堂大笑。

“味道如何？”我微笑着问道。

“太苦涩了，受不了，我太难了。”小辉的话再次引得大家哈哈大笑。

“同学们，刚才小辉同学吃的是什么呢？”我问道。

“还没有熟透的香蕉。”学生齐声回答。

“对，因为还没有熟透，所以他吃到的就只能是苦果了。”我一边说，一边在黑板上板书“苦果”两个字。

“同学们，伟大的教育家陶行知先生曾这样教育我们：‘每个人，无论男女，到了一定年龄是要谈恋爱，要过家庭生活的。但是，如树上的果子，是熟的好吃，还是生的好吃？’刚刚大家也看到了，生的是苦果，只有熟的才是甜果呀。愿我们在读书求学阶段，都能理智地管理好自己的情感，等到时机成熟时收获属于我们的幸福的甜果，好吗？”

“好！”学生整齐地大声回应。

后来，在我的进一步跟踪教育引导下，班上的早恋问题得到了比较妥善的解决。

锡言锡语

本案例中，教师运用了导演情景巧说理＋夸张的幽默工具。

为了引导学生理智地处理情感问题，教师导演了一场吃苦果的剧目，通过和“学生演员”一唱一和，以及“学生演员”幽默风趣的夸张式表演，让学生在轻松的氛围中进行反思，随后更乐于接受教师的引导。

二、先铺垫后抖包袱

7. 迟到的理由

一天早上，突降大雨，班上的几位住宿生因为在返回教室的路上拖拖拉拉，都迟到了。

“今天天气真难得！”我看着全班学生，突然感叹道。

明明下大雨呀，老师何出此言呢？学生疑惑地看着我。

“难得又刮风又下雨。”我看着学生，一本正经地解释道。

学生马上笑声四起。

“结果呢，某些同学为了不错过这难得一遇的好天气，在返回教室的路上，欣赏那风雨以致入迷，竟然连迟到了都不知道。”我看着那几位迟到的学生，开始为他们寻找最佳的迟到理由。

听着老师居然如此为他们“开脱罪名”，那几位迟到的学生都不好意思地笑着低下了头。其他学生也纷纷笑了起来。

“下次再遇到类似情况，一定要记得准时返回教室上课哦。对于学生来说，按时上课才是我们的第一要务呢。”最后，我微笑着提出我的要求，那几位迟到的学生纷纷点头表示认同。

锡言锡语

本案例中，教师运用了先铺垫后抖包袱 + 自圆其说的幽默工具。

抖包袱，指的是经过一系列铺垫后，把悬念或笑点揭露出来。教师要运用幽默智慧，可以借用抖包袱的策略，通过提前设计铺垫，将笑点落在最后，从而实现有趣而意味深长的表达效果。

幽默的万能公式：铺垫 + 笑点 = 幽默。幽默是铺垫和笑点的有机结合。铺垫，如同一层一层的包袱，为笑点埋下伏笔；笑点，如同响亮地抖包袱，是幽默的点睛之笔。

案例中，教师先铺垫“今天天气真难得”，再意外转折到“又刮风又下雨”，用前后矛盾的意外感，抖开第一个包袱。接着为学生“开脱罪名”，对学生的迟到进行自圆其说的解释，抖开第二个包袱，为教师后面批评、提醒学生不要再迟到做好了充分的铺垫工作。

8. 懒人大赛

冬季来临，由于天气变冷，很多男生喜欢睡懒觉。他们起床比较迟，洗刷后匆忙赶往教室，而宿舍的内务整理却一团糟。

针对这种情况，一天我来到几间男生宿舍，用手机拍了几张比较典型的照片，然后在班会课上举行了一场别开生面的男生宿舍整理懒人大赛。

“同学们，我们首先来欣赏一个故事。”在学生期待的目光中，我把故事一段一段地一边投影，一边读出来。

“从前有一对懒夫妻，男主人从来不洗脸，女主人从来不刷锅。

有一天，一个小偷来家里偷东西，家里很乱，小偷找不到值钱的东西，正郁闷，被男主人发现了。小偷慌乱中偷了锅就跑，男主人就追。

过了一会儿，男主人回来了，跟女主人说：‘那贼见我追上来，朝我脸上扎了一刀，幸亏我从来不洗脸，脸上全是污垢，他一刀没扎透。’”

这时，学生开始大笑起来。

“女主人说：‘没事就好。看，幸亏我从来不刷锅，他偷走的只是锅上面的那层污垢壳。’女主人手里拎着一只明晃晃的锅说。”

读完故事，学生笑得更厉害了，有的学生甚至笑得趴在桌子上。

“同学们，这个笑话告诉我们，原来懒人还有懒福呢。但是，在现实生活中，真的是这样吗？大家希望自己也是这样的懒人吗？”我笑着向学生提问。

“现实生活中懒人难有懒福，我可不能那么懒，懒人不好……”学生纷纷回答。

“对呀，在现实生活中，懒人的下场往往是这样的，请大家继续欣赏第二个故事。”在学生再次充满期待的目光中，我讲起了另一个故事。

“从前，有个懒汉，一年到头吃吃玩玩，不爱劳动。到了秋收，他田里的野草长得比庄稼还要高。他看到别人田里的庄稼长得都很好，便生气地跑到田边，跺着脚朝庄稼骂道：‘庄稼，庄稼，你太没有良心啦！要说你怕太阳晒吧，田里的野草长得比你还高；要说你怕伤了老根吧，我从来也没有锄过你；要说你怕脏吧，我也没有在你身上浇过大粪。你说我哪样对不起你呀？’”

听完故事，学生已经笑翻一大片。

“对于那些懒人来说，这个故事的结局应该是合理的，是吗？”待学生逐渐安静下来后，我看着学生继续提问。

“是！”学生齐声回答。

“大家愿意做懒人吗？”

“不愿意。”

“很好，但是我今天在男生宿舍检查的时候，却发现了一种很奇怪的现象。那些宿舍的主人好像都生病了，他们在整理自己的东西时，显得漫不经心，好像在进行一场懒人大赛。不信的话，请大家看照片。”

接下来，我把那些在宿舍拍的照片逐一投影出来。（为了保护学生隐私，没有注明是哪间宿舍。）

“大家看，这是没有叠被子的，这是把衣服胡乱堆放在床上的，这是没有把蚊帐收好的……”我看着那些照片，逐一解说道。

学生沉默。

“大家说，举行这样的懒人大赛，好吗？”

“不好。”

“那么，这样的懒人大赛还要继续举行下去吗？”

“不要。”

“好，现在我宣布：男生宿舍整理懒人大赛就此永远终止。我相信那些‘生病’的男生一定会很快好起来的。我也相信，他们以后一定会把自己的宿舍内务整理得井井有条。男生们，你们能做到吗？”

“能！”这一刻，女生安静，男生齐声回答。

“同时，我提议女生都来做男生的监督人，好吗？”

“好！”女生笑着齐声回答。

“男生们，你们愿意让她们成为你们的监督人吗？”

“非常愿意！”男生也笑着回应。

这次班会课后，男生的宿舍内务整理果然有了极大的进步。

锡言锡语

本案例中，教师运用了先铺垫后抖包袱的幽默工具。

教师先用一个懒人有懒福的故事做铺垫逗趣学生，接着用一个懒人没懒福的故事继续做铺垫引发学生思考，最后抖出包袱：大家是否想在宿舍举行懒人大赛？让学生在愉快放松的气氛中深刻反思自我，改正不良行为。

三、拟人化

9. 特殊的“失物招领”

学校对于学生宿舍的管理一直非常严格，不但要求宿舍保持整洁，还规定不能在宿舍里挂衣物和背包等个人物品。由于部分学生对不能挂个人物品这条规定有点儿不以为然，经常把自己的背包挂在宿舍里，导致宿舍检查经常被扣分。虽然我多次在班上强调这个问题，但是有些学生依然我行我素。

一天早上，宿舍检查员再次向我反映，我们班的男生 618 宿舍又有三位学生把背包挂在宿舍里了。

这次，我决定进行特殊的处理。

我马上奔向男生宿舍，首先找到宿舍管理员，拿到 618 宿舍的钥匙，然后开门进去，把那三个挂着的背包取下来，接着把它们拿到学校的门卫室（门卫室离男生宿舍较远，学生在领背包的时候可以多走一段路），最后向门卫说明我的想法，门卫表示愿意帮忙。

中午放学的时候，我回到教室。

“同学们，很抱歉耽误大家几分钟，现在有个‘失物招领’请大家注意。”

在同学们疑惑的目光中，我把事先准备好的“失物招领”投影出来，内容如下：

失物招领

今天在男生 618 宿舍外面捡到三个背包，请失主于今天 12:10 到学校门卫处认领。

门卫处

× 年 × 月 × 日

看着这个有点怪异的"失物招领"，很多同学表情愕然。

"我听说事情好像是这样的，这三个背包原来是挂在宿舍里的。由于学校规定不能在宿舍里挂个人物品，这三个背包不想违反学校的规定，它们都想做遵守校规的好背包，于是它们艰难地挣扎着从宿舍逃出来寻找它们的主人，结果一不小心摔到宿舍外面了。它们真的太难了、太受伤了。"我看着全班学生解释道。

这时，全班学生一下子都明白是怎么回事儿了，哄的一声都笑了起来，那三个背包的主人也跟着一起笑了。

后来，那三个背包的主人都准时领回了自己的背包。之后，学生宿舍里再也没有出现过类似现象。

锡言锡语

本案例中，教师运用了拟人化的幽默工具。

哲学家康德认为，幽默来自期待突然落空之后的意外收获，笑源于人们的出乎意料。例如，学生问："老师，您觉得三只松鼠（一种休闲零食的品牌）好吃吗？"为了制造幽默效果，教师可以这样回答："我们不能吃松鼠，因为它们是野生动物。"如此出乎意料的回答会引起学生的欢笑，这就是由意外感带来的幽默。

案例中，对于违反校规在宿舍乱挂个人物品的现象，学生的一般认知是：教师肯定会直接进行严厉的批评教育。但教师却运用了拟人化的幽默工具，描述了背包自己逃离宿舍摔到外面的原因和经过，此桥段完全出乎学生的意料，不仅达到了非常好的幽默教育效果，而且提升了教师的人格魅力。这种处理方式比简单的"把事情摆平"要好，这既应该是教师专业技术的一个方面，但又不是简单的"技术"，而是"艺术"了。不过要注意，本案例是基于平时师生关系较好的情况，若师生关系紧张，使用时则要慎重。

10. 变脸

有段时间，我发现班上出现了一种不良的现象：个别学生喜欢随手往教室后面乱扔纸团。

一天早读巡视教室时，我发现一个纸团躺在教室后面的一个角落里，我走过去将其捡起并打开，发现原来是一张草稿纸，草稿纸两面都只用了一小半。可怜的草稿纸，真是“出师未捷身先死”呀。我拿着草稿纸，一声不吭地回到办公室，然后用红笔在它的两面分别画了一个哭脸和一个笑脸。

“请同学们注意看，这是什么？”在接下来的班会课上，我指着放在讲台上的纸团问道。

“纸团？垃圾？”有些学生窃窃私语。

“对，这不仅是一个今天早上我在教室后面捡到的纸团，而且它还是一张极度伤心的、正在哭泣的草稿纸，请大家仔细看看吧。”我一边说，一边把纸团舒展开来，让它在大家面前露出了那个哭脸。

看到这意想不到的一幕，学生都笑了起来。

“它在控诉它的主人，它在哭诉：‘主人哪，你怎么能如此狠心将我随便抛弃呢？你应该先把我用完，再将我投进分类垃圾桶，让我以后有机会被回收利用啊！’”

教室里的笑声戛然而止，学生都陷入思考。

“大家觉得我们要谴责那位无情抛弃它的主人吗？”

“要。”

“以后我们应该怎样对待它的兄弟姐妹？”

“好好利用，用完后投到分类垃圾桶，以便回收利用。”

“非常好，听到大家这样说，它现在不再悲伤了，它开始变得开心起来啦。请看，它准备变脸啦。”我一边说，一边快速将它转过来，让全班学生看到那个笑脸。

学生开心地笑着鼓掌。

锡言锡语

本案例中，教师运用了拟人化的幽默工具。

教师将纸团拟人化为具有哭脸和笑脸表情的人。教师先让纸团露出哭脸，控诉随便抛弃它的主人，然后带领全班学生公开谴责学生乱扔纸团的行为，最后让纸团通过“变脸”为笑脸，表达它对学生改正错误行为的信任及感激，从而在幽默的氛围中达到了良好的教育效果。

四、自嘲

11. 班主任的自我检查

有一天，我收到学校德育处发来的关于规范学生仪表仪容的通知：

请班主任留意学生是否存在以下问题：戴耳环，涂口红，穿超短裤，留怪发……，若发现请及时教育纠正。

我来到教室，在学生面前把这些问题投影出来。

“请同学们先自我检查，有则改之，无则加勉。怎样自我检查呢？以我为例吧。”班主任的自我检查？学生惊异地盯着我。

“耳环？我没有！”我一边说，一边摸摸自己的耳朵。

学生大笑。

“口红和超短裤？我好像有嫌疑哦。”我一边说着，一边把自己涂着红色药水的位于膝盖上的伤疤展示出来。（为了防止伤疤被裤子摩擦，那几天我都穿短裤。）

学生看着我，再次大笑起来。

“我的伤疤快好了，我会马上整改。我相信我们班上的同学也会自觉整改的。”我看着学生，用肯定的语气大声说道。

学生纷纷点头回应。

第二天，那些在仪表仪容方面违规的学生果然都认真整改了。

锡言锡语

本案例中，教师运用了自嘲的幽默工具。

通过自嘲式的公开自我检查，教师不仅让学生看到了教师的可爱，更让学生在愉快的气氛中自愿接受教师的教育引导。

12. 班主任的自责

一天早上，我收到学校卫生管理员发来的前一天教室卫生检查的分数单，我们班因为有垃圾没有清扫干净，被扣 20 分，得分 80 分。

我调查了解得知，原来前一天值日的那几位学生，都是由于迟到而被班长按照班规留下来的，因为对被惩罚打扫教室卫生有不满情绪，所以他们采取了消极怠慢的态度，最终导致班级卫生检查被扣分。

“同学们，昨天教室卫生检查的分数出来了。”我一边说，一边把分数写到黑板上。

学生看到只有 80 分，“啊”的一声惊呼起来。那是新学期我们班第一次因为卫生问题被扣分。

“同学们，锡哥我写的不是分数，而是自责和悔恨哪。”我看着学生，痛心地说道。

听我居然这样说，学生一下子安静下来。

“我自责，我悔恨，都怪我眼瞎耳聋，才导致班级卫生检查被扣分。”

学生一脸懵地看着我，全然不知我所云。

“我一恨自己没有千里眼，看不见他们没有把垃圾扫除干净；二恨自己没有顺风耳，听不到他们对被惩罚打扫教室卫生的抱怨。”我看着学生，缓缓地解释道。

昨天值日的几位学生都不好意思地扑哧一声笑了出来，其他学生也跟着哈哈大笑。

后来，我单独找到那几位学生进行交流，他们都心悦诚服地承认了错误，并主动提出继续打扫一次教室卫生。果然，第二次的教室清洁，他们做得非常好。

锡言锡语

本案例中，教师运用了自嘲的幽默工具。

学生值日失职，教师没有批评学生，却反其道而行之，运用夸张的语言进行自责，利用千里眼和顺风耳等幽默的词语逗趣学生，通过向学生展示教师的幽默豁达，引导学生进行深刻的自我反省。

五、相关联

13. 好兄弟

昨天晚上，小明在校园里跑步时摔了一跤。今天早晨，小林在骑自行车上学的路上也摔倒了。巧合的是，他们居然是同桌。

作为班主任的我，今天必须进行一次全班的安全教育了。

“同学们，今天我要特别表扬我们班上的一对好兄弟、好同桌。”

学生有些莫名其妙地看着我。

“这对好兄弟就是小明和小林。为什么说他们是好兄弟呢？昨天晚上，小明在校园里跑步时摔了一跤。今天早晨，小林在骑自行车上学的路上也摔了一跤。他们真的是‘心有灵犀一点通’的好兄弟呀，真的做到了‘有难同当’呢。”我看着小明和小林调侃道。

学生哈哈大笑，小林和小明也相视一笑。

“希望你俩难兄难弟以后一定也要‘有福同享’啊。”我继续调侃道。

欢快开场后，正式的安全教育开始。

学生听得异常认真。

锡言锡语

本案例中，教师运用了相关联的幽默工具。

相关联的幽默工具，可以让幽默更高级。

幽默里的“风马牛可相及”，指的是把两种或多种毫无联系，甚至完全不同的事物关联在一起，借助彼此之间的不协调，产生强烈的幽默感。

根据哲学上认知不协调论的观点，当人们把完全不同的事物结合在一起，或将属于一个情境的事物放在另一情境时，就会产生幽默效应。

例如，那些穿越剧之所以会引起观众发笑，是因为它们把现代的思想、行为放在古代的情境中，体现了幽默的认知不协调论。

不和谐本身并不好笑，但对表面不和谐的事物，进行“和谐”地解决，就会使某一情境变得幽默好笑。

为了用好相关联的工具，教师要学习善于关联不相关的事物，差别越大的事物，关联后的幽默效果就越好。

案例中，教师幽默诙谐地把两位学生的遭遇关联起来，通过制造笑点，为接下来的安全教育进行了热身。

14. 字母头

一天早读时，我在巡视教室。当我走到晓峰身后时，突然“眼前一亮”。原来，在他那刚剪的平头的后脑勺上，赫然出现了几个花哨的英文字母。仔细一看，那几个英文字母正是他姓名拼音的首字母。面对如此刺眼的“字母头”，作为班主任的我，必须出手了。

我来到晓峰面前，示意他到教室外面去。我们在走廊上开始了交流。

“晓峰，你今天的发型设计得真有型，那几个字母如此有特色，太惊艳了。”我看着晓峰的“字母头”，以调侃的语气说道。

面对老师突然的“赞美”，晓峰马上明白了是怎么回事儿，不好意思地笑了笑，然后低下了头。

“老师，学校好像没有规定不许在头发上留字母吧。”虽然意识到自己不对，但晓峰依然设法为自己辩护。

“是的，校规里的确没有如此具体的规定，只是要求‘不能留怪发’，但你这种发型哪里是怪发呀，简直就是一件百年不遇的艺术品哪。不如这样吧，今天下午的班会课，我邀请你当模特儿在全班同学面前走几圈，让大家好好欣赏，到时我把学校的德育主任请过来，请他一起欣赏，好吗？”面对晓峰的顽强抵抗，我没有生气，而是以他意想不到的方式幽默地调侃道。

“老师，走秀？不要了吧。”这时，晓峰开始苦笑着哀求。

“要不要呢？你自己看着办吧。”我看着晓峰，意味深长地说道。

“好，我知道该怎么做了。”这一刻，晓峰终于下定了决心。

下午上课时，晓峰的“字母头”消失得无影无踪。

锡言锡语

本案例中，教师运用了相关联的幽默工具。

教师跟学生讲道理，一般是按照正常逻辑以理服人。幽默在以理服人的同时，更能以趣服人。

教师可以利用“以谬制谬”的谬误逻辑，突破常规讲道理的思维，采用看似不合常理的方式，处理教育中遇到的一些突发事件，既可以为自己解围，又可以在笑声中毫不费力地解决问题。

案例中，教师把学生的“字母头”和艺术品关联起来，从而制造出“以谬制谬”的幽默效果。教师明知道学生留“字母头”是错误的行为，却“赞美”它是一件艺术品，还建议学生在班上进行走秀，如此肯定的结果其实是更加坚决的否定。学生也心知肚明，最终愿意纠正自己的错误。教师如此处理，既避免了教师和学生的正面交锋，又向学生展现了教师的幽默，教育了无痕迹。

15. 山寨作业

在最近两天的作业检查中，我发现平时学习基础比较差的小聪同学的作业不但全对，而且几乎和参考答案一模一样，明显是抄袭。后经暗中调查，我发现实际情况与我的判断一致。

第三天上午，我发现小聪的作业情况仍旧如此。于是，我招呼小聪来办公室找我。

我问小聪："你试过网上购物吗？"

小聪回答："试过。"

我又问："如果收到山寨货物，你会怎样处理？"

小聪迅速回答道："投诉，申请换货。"

我及时肯定："对，就应该这样。"

接着，我趁势引导："今天，我极有可能收到了一本山寨作业，麻烦你来帮我复查一下是否属实。"

我一边说，一边将作业本递给了小聪。

看到自己的作业本，小聪马上明白了是怎么回事儿。只见他不好意思地笑了笑，然后迅速接过作业本。

我继续说道："如果查出其为山寨作业，那就麻烦你帮我处理好换货事宜，好吗？"

"好的，我现在就回去处理。"小聪不好意思地笑着回答，然后拿着作业本跑回教室。

下午，小聪到办公室找到我。

"老师，经我鉴定，那的确是山寨作业，现在我为您换货啦。"小聪一边说着，一边把作业本递给我。

此后，虽然小聪的作业每次都错得不少，但他都能坚持独立完成。

锡言锡语

本案例中，教师运用了相关联的幽默工具。

教师把抄袭的作业和山寨货物巧妙地关联起来，由购物收到山寨货物就要申请换货，非常自然地关联到抄袭作业就需要重做。教师通过幽默风趣的方式引导学生，让学生对教师的教育心悦诚服。

16. 一百零一天的惩罚

一天早读时间，我来到教室，发现学生都在大声地读着书，只有坐在教室后排的男生小兵一声不吭。原来，他正聚精会神地盯着桌子上的一本书看得着迷呢。我悄然走近，小兵却浑然不觉。我走到小兵他身边一看，原来是课外书《一千零一夜》。我轻轻地拍了拍小兵的肩膀。扭头看是我，小兵吓了一跳，急忙把课外书收起来，然后忙乱地翻开要读的语文书。

"带上那本《一千零一夜》，跟我走吧。"我注视着小兵，轻声说道。

来到办公室，小兵把书交给我，然后站在我身边，垂头丧气地等待着我的批评。我顺手搬来一张凳子，招呼小兵坐下。小兵一脸惊愕，连声向我道谢，然后慢慢坐下。

"这本书很精彩，所以你早读时忍不住就拿出来看，是吗？"

"是的，老师。我错了，我不应该这样。"小兵急忙向我认错。

"按照班规，应怎样处理早读时看课外书的行为？"我看着小兵问道。

"由班主任代为保管课外书一个月。"小兵低着头说道。

"对，那我就代为保管一个月。你有意见吗？"我说道。

"但是，这本书是我从图书馆借来的，这个星期天到期。老师，您能否通融一下？"小兵向我央求道。

"也行。不如这样吧，你现在就可以拿回这本书。但是，你得接受另外一项惩罚。"我肯定地说道。

"什么惩罚？"小兵瞪大眼睛，好奇地看着我。

“在这本《一千零一夜》中，宰相的女儿给国王讲了一千零一夜的故事，终于让国王醒悟，不再杀害无辜的女子，她凭借自己的努力拯救了万千女子。为师就惩罚你向宰相的女儿学习，坚持一百零一天高质量的早读，用一百零一天的努力拯救自己薄弱的语文基础，努力书写自己精彩的一百零一天，如何？”我看着小兵，微笑着说道。

“行行行，我一定努力坚持一百零一天，谢谢老师！”当听到居然是如此的“惩罚”时，小兵笑了起来，然后连连向我保证。

果然，经历这件事后，小兵的早读越来越好了。

锡言锡语

本案例中，教师运用了相关联的幽默工具。

教师巧妙地把对学生的“惩罚”和学生偷看的课外书关联起来，让“惩罚”变得活泼幽默起来，让学生在乐于接受“惩罚”的同时，也感受到来自教师的宽容大度。如此，学生之后的表现就会越来越好。

六、活用诗词、流行语、名字、歌曲、哲学命题

17. 歪诗诵读

有一天，班上的两位男生因为互相取笑对方的牙齿而发生矛盾，进而情绪失控打了起来，好在周围的同学及时劝解，才没有出现大的意外。事后，他俩在班长的“看护”下，气冲冲地赶来办公室找我评理。我让他俩分开坐在办公室的两个角落，先安静下来消消气，然后我向班长了解事件的来龙去脉。在知道了大概经过后，我招呼他俩过来，随后即兴编了几句幽默有趣的歪诗让他们先各自认真读三遍，然后齐声读两遍。诗歌内容如下：

叫你一声钢牙仔，我很开心。
回击你一声崩牙仔，我很得意。
互相嘲笑，真的快乐吗？非也，非也！
古有“本是同根生，相煎何太急”，
今有“大家同是牙，彼此都不易”。
本是牙兄弟，取笑何太急。
因为都不易，因为是兄弟。
彼此应体谅，彼此应扶持。
让我们握握手，从今爱彼此。

读完第一遍，我看到他俩的脸有点儿红了，都不好意思地低下了头。读完第三遍，他俩的气全消了，脸上还露出了一丝不好意思的笑容。读完第五遍，他们终于彻底认识到自己的错误。最后，我微笑地看着他们真诚地握手言和。

锡言锡语

本案例中，教师运用了活用诗词的幽默工具。

针对学生闹矛盾打架这件事，教师在调查清楚后，根据事件即兴编歪诗，诗歌内容新颖有趣且极具教育意义，让学生在朗读中认识到自己的错误，并深刻反思自我，进而改过自新。

18. 蛙声一片

我们班的学生大多性格活泼，所以他们有一个顽固的毛病：上自习课时要耗费比较长的时间才能安静下来。为此我没少批评他们，但是每次教育后，没过多久，他们又“旧病复发”。

一天，又是自习课，我来到班级门口。虽然上课铃声已经响起，但是教室里面依然一片嘈杂。

我快步走上讲台，这次我没有像往常一样直接批评他们，而是先静静地看着他们，待吵闹声消失后，再转身拿起粉笔在黑板上写道：稻花香里说丰年。

老师居然在黑板上写诗词？看着眼前的一幕，学生一下子都懵了。

“同学们，这是谁写的词？”

“辛弃疾。”

“它的下一句是什么？”

“听取蛙声一片。”

“对，就是这句。刚刚我在教室外面看着大家自习时，不知为何，我的大脑中马上就冒出了这句词。”我看着学生，意味深长地说道。

聪明的学生立即明白我的话中之意，他们先是开怀大笑，然后马上安静下来，认真自习。

此后一段时间，班上的自习纪律有了比较明显的改善。

锡言锡语

本案例中，教师运用了活用诗词的幽默工具。

面对学生自习纪律不理想的现象，教师采取一般的批评教育方式难以取得成效。面对此困局，教师采取了一种非常新颖且幽默的教育方式，即活用古诗词“稻花香里说丰年，听取蛙声一片”。教师以“蛙声一片”来暗喻学生的吵闹，在逗趣学生的同时，也让学生感受到教师对他们的宽恕，进而心悦诚服地纠正自身的缺点。

19. 好自为之

一天早上，我收到宿舍管理员发来的信息，得知我班605男生宿舍的值日生没有倒垃圾。

我拿出值日表查看，当天的值日生是小凌，他是一位平时大大咧咧，做事容易丢三落四的男生。

我决定在班上公开对他进行一次特别的教育。

早读过后，我来到班上，对大家说道："刚刚宿舍管理员反映，由于605男生宿舍的值日生没有倒垃圾，导致垃圾上的病毒在宿舍里乱窜。这位值日生真是太不讲武德了，他可要耗子尾汁（好自为之）呀！"

不讲武德？耗子尾汁？此网络流行语一出，学生都看着小凌哈哈大笑起来，小凌也不好意思地跟着大家一起笑。

"请值日生马上回去倒垃圾吧！知错能改，善莫大焉。亡羊补牢，未为迟也。"

小凌在大家的注视下快速走出教室，奔向宿舍。

"老师，我倒好垃圾了。今天真的太抱歉了，以后我会注意的。我保证以后一定做一个讲武德的人。"大约10分钟后，小凌气喘吁吁地跑回教室，笑着向我保证道。

"好，老师相信你。倒完垃圾后，就让那些垃圾耗子尾汁（好自为之）吧！"我也笑着回应道。

随后，我和小凌相视一笑。

锡言锡语

本案例中，教师运用了活用网络流行语的幽默工具。

当学生没有做好值日工作时，教师一般的做法是对其进行严厉批评，但往往无法取得理想的效果。于是，教师另辟蹊径，活用网络流行语对学生进行教育，幽默风趣的语言一下子拉近了师生之间的心理距离，让学生在愉快的氛围中乐意接受教师的引导。

20. 歪诗引导

有段时间，部分学生课间总是趁教师不在偷偷拿出手机刷信息。针对此不良现象，我决定对学生进行引导。

"最近，我发现有些同学非常勤奋刻苦地研究手机使用技术，如此下去，他们必将成为国之栋梁（学生笑）。因为敬佩，我情不自禁地为他们写了一首诗，现在请大家一起来欣赏。”班会课上，我开门见山地说道。

说罢，在学生好奇及期待的目光中，我立刻把事先根据王国维的《人间词话》改编的歪诗投影出来：

为成就刷手机之大事业
他们甘愿上刀山、下火海
只为达到那三种境界
昨夜西风凋碧树，独上高楼
望尽天涯路，只为寻找它，手机也
衣带渐宽终不悔，为伊消得人憔悴
伊是谁？手机也
因何事憔悴？刷手机也
众里寻他千百度，蓦然回首
那人却在灯火阑珊处刷手机

看完歪诗，教室里已经笑倒一大片。

“在万分敬佩这些同学的同时，我也挺为他们的健康及学业状况担心的。因为他们上课时想着刷手机，下课了马上刷手机，睡觉时梦里继续刷手机。如此勤奋，只怕会累出病来，将学业也荒废掉。如果那样，就得不偿失了。”待学生安静下来后，我看着大家提醒道。

学生陷入深思，现场一片沉默。

“希望那些对手机投入过度的同学以后控制好自己的行为，好吗？”

“好！”学生齐声回答。

后来，经过进一步地个别跟进和引导教育，课间使用手机的问题基本上解决了。

锡言锡语

本案例中，教师运用了活用诗词的幽默工具。

针对学生沉迷手机不可自拔的问题，在一般的教育引导难以奏效时，教师幽默地利用改编的歪诗逗趣学生，引发学生深刻反省，让学生在一种愉悦的心境中慢慢改正错误。

21. 潇洒

一天，有个学生向我反映：班上的部分走读生中午在教室休息，但是个别学生总是大声喧哗，严重影响了其他想要休息的同学。

为此，我在班上宣布："中午在教室休息的走读生必须保持安静。中午时段教室的投影屏幕要拉上去，以露出屏幕后面的监控摄像头，我会经常查看监控，看看谁会在那个时间段说话。"

"老师，如果有人把那个投影屏幕放下来了，怎么办？"有个学生问道。

"谁放就向谁问责。当然，除了李潇洒同学外，因为他是管理投影的专职人员。大家一定要记住哦，除了动作潇洒的李潇洒外，其他动作不够潇洒的同学一律不能对投影屏幕进行任何操作。"我再次强调。

学生纷纷笑着点头。李潇洒也开心地看着我。

接下来，午休时教室里的纪律状况有了明显的改善。

锡言锡语

本案例中，教师运用了活用名字的幽默工具。

教师把李潇洒的名字活用到"对投影屏幕进行操作"这件事情上，让学生在诙谐幽默的气氛中主动遵守纪律。

22. 早练

"近来，班上出现了一种现象，我发现有极个别男女生居然手牵手走在一起了，看起来挺甜蜜的，真是羡煞旁人哪。”我此言一出，马上就有学生小声地坏笑起来。

“但是，我倒是挺为那些学生担忧的，记得有一首歌是这样唱的。”究竟是哪首歌？学生都瞪大眼睛，好奇地看着我。

“你说过牵了手就算约定，但亲爱的那并不是爱情。”我看着学生，突然哼唱起来。这是一首学生很熟悉的歌曲，听着我那不咸不淡的歌声，学生都纷纷笑了起来。

“对，这真的还不是爱情，甚至也非早恋，而是‘早练’。”我一边说，一边在黑板上板书“早练”两个字。

早练？学生看着这奇葩的词语，都疑惑起来。

“过早练习谈恋爱，简称‘早练’也。”我故作严肃地说道。

听着我的解说，学生哈哈大笑起来。

“早练早练，条件还不够成熟就过早进行练习，就像运动员还不具备身体条件就过早进行体育训练一样，极易扭伤筋骨哇，所以请大家务必谨慎为之。”我看着大家，意味深长地说道。

学生陷入深思，然后纷纷点头。

有了此次班会课的引导基础，接下来，我对那些陷入早恋的学生的跟踪教育就变得容易多了。

锡言锡语

本案例中，教师运用了活用歌曲的幽默工具。

正值青春期的男女生之间互有好感、互相欣赏，本来是非常正常的事情。但若男女双方把握不好自己的情感，就极有可能陷入“早恋”漩涡。教师作为教育者，对此负有科学引导的责任，而一本正经的照本宣科式的教育往往会适得其反。案例中，教师用一句学生耳熟能详的歌词引入，在逗趣学生的同时，引导学生思考早恋的问题，教育达到了事半功倍的效果。

23. 一起下课

“同学们，现在我们一起来欣赏这首《等你下课》吧。”班会课上，我点开音乐，并把歌词投影出来。

学生很兴奋，都睁大眼睛盯着歌词，开心地品味起来。

那段时间，班上出现了早恋的苗头，刚好周杰伦的新歌《等你下课》发布不久，于是，我决定“借歌发挥”。

“同学们，我觉得歌曲中的这个爱情故事挺令人遗憾的。”待学生欣赏完毕，我看着他们，用略带惋惜的语气说道。

老师怎么对这首歌曲如此感兴趣？学生都好奇地看着我。

“如果高中时男生能先把这份感情冷藏下来，并且将对女生的爱慕之情转化为学习的动力，那么男生很有可能和女生考上同一所大学。如果男生等到上大学后再表白，那可能就是非常美好的爱情故事，凄美的‘等你下课’就变成幸福的‘一起下课’了。”我看着学生，意味深长地说道。

学生都会意地笑了起来。

有了这次班会课的铺垫，接下来，我对个别学生的早恋问题的引导就变得更加顺利了。

锡言锡语

本案例中，教师运用了活用歌曲的幽默工具。

为了引导学生科学理智地处理早恋的情愫，教师没有采取刻板的说教方式，而是活用一首学生耳熟能详的流行歌曲“借歌发挥”。通过幽默的语言“凄美的‘等你下课’就变成幸福的‘一起下课’了”逗趣学生，无形中让学生更乐意接受教师的引导。

24. 哲学三问

有段时间，班上部分学生沉迷于电子游戏，他们的生活、学习因此受到不同程度的影响。为了解决这个问题，我专门召开了一次班会。

“同学们，昨晚我到一个小区拜访一个朋友，结果在门口遇到了一位大哲学家，大家知道他是谁吗？”

学生看着我，急切地想知道答案。

“他就是这个小区的门卫师傅。我一踏入小区门口，他就走过来拦住我问道：‘你是谁？你从哪里来？你要到哪里去？’这不就是闻名世界的哲学三问吗？”

学生马上哈哈大笑起来。

“因为我觉得那三问太有价值了，所以今天我把它们借用过来。现在我们也一起来讨论一下这三问，好吗？”

“好！”学生齐声笑着回答。

“请大家思考然后讨论：我们是谁？我们从哪里来？我们要到哪里去？”

接下来，学生经过一番热烈讨论，得出以下共识：

我们是谁？我们现在是一名正在学习知识和本领的中学生，学习是我们目前最重要的任务。

我们从哪里来？我们从一个个普通的家庭来，我们的家人含辛茹苦地养育我们，送我们到学校读书，就是期望我们能学习知识，健康成长，将来做一个对社会有用的人。

我们要到哪里去？我们要凭借自己的努力，到理想的大学去深造。我们要凭借自己的才华，到需要我们的地方去奋斗，并实现自己的人生价值。

“同学们，为了不让爱我们的亲人失望，为了学好知识，为了我们的大学目标及奋斗理想，我们能踢开那些阻挡我们前进的绊脚石——电子游戏吗？”班会课最后，我看着学生，语重心长地问道。

"能！"学生齐声响亮地回答。

锡言锡语

本案例中，教师运用了活用哲学命题的幽默工具。

为了解决学生沉迷电子游戏的问题，教师没有采取传统的、开门见山式的直接教育方式。教师用幽默的哲学三问引入，先创设愉快、融洽的教育氛围，再对学生进行教育引导，通过幽默且循序渐进的引导方式，让学生自我反省。

七、自圆其说

25. 自习课上说话的男生

一天下午，上第二节自习课时，我站在教室外面回答学生的问题。突然，教室里混乱起来（后来了解到是语文课代表在教室收作业导致），然后我听到纪律委员大声维持纪律的声音。不久，教室里嘈杂的声音停了下来，但是一会儿后，嘈杂的声音又响了起来。这时纪律委员大喊一声"安静啦"，但是轻微的嘈杂声依然存在。

我快步走进教室，看到坐在教室后排的几位男生正兴高采烈地聊着，其中的亮（一位平时喜欢说笑、性格外向的男生）聊得最欢。看到如此神采飞扬的亮，我马上点名道："亮同学，你聊得真开心哪！按照班规，我现在宣布扣掉你的两分德育分。"

第一次看到我居然如此不给面子，直接按班规点名扣分，学生一脸愕然和诧异。全班同学马上安静下来，而亮则低着头，嘴巴动了动，一副想反驳的样子，但是他犹豫了一下，最终还是没有说话。

下课后，我走到亮的面前，示意他来到教室外面，我想就刚才的事情和他进行深入的交流。但是亮却向我表达了他的不满和抗拒，他像小孩子一样，有点赌气地小声说："您喜欢扣分就扣分吧，我不想再谈了。"看到亮带着不良情绪，我决定先缓一缓，暂时不理会他。

回到办公室后，我在心里盘算着，第四节班会课的时候，我该怎样处理这件棘手的事情呢？

第四节班会课上，面对全班学生，我用平静而缓慢的语调说："同学们，大家都知道，我们班的部分同学性格外向活泼，特别喜欢讲话，甚至有讲就讲个痛快的习惯。这种习惯本身没有问题，但是用在自习的场合，则会对他人造成不良影响。为了保证自习课的纪律，我们曾经制定了应对的班规，而且大家一直都做得很好。但遗憾的是，总有一小部分同学无法控制自己的行为。"这时，很多学生都扭头看着亮，因为他们以为，我要批评亮了。

"今天，我要隆重感谢一位同学，他就是亮。"学生听到这里，如坠云里雾里，不知道我的葫芦里装的是什么药。

"今天他是第一个因讲话而当场被扣分的同学，他让同学们明白了老师真的会点名扣分的。之前这条班规一直都没有被执行过，导致部分同学以为老师是绝对不会当场点名扣分的。结果呢？今天我终于执行这条班规了。"说完，我顿了顿。

"如果没有亮同学今天这么特别的表现，大家就不可能看到这条班规被执行的情景，大家以后也不会真正地重视这条班规。所以，今天就只有委屈亮同学了。为什么说委屈呢？因为今天讲话的肯定不止他一个，但是我却偏偏只是点了他的名。其实我没有办法呀，要怪就只能怪亮同学长得太英俊潇洒了，他的颜值那么高，我一走进教室就看到了正在说话的他呀。"我一边解释，一边调侃道。

全班同学大笑。亮也不好意思地低头笑了起来。

"所以呀，为了让大家牢记这条班规，今天就只能委屈亮同学啦。亮同学为了我们班集体而牺牲了两分德育分，难道我们不应该感谢他吗？"我真诚地说道。

这时，全班同学笑着鼓掌。亮也不好意思地低头微笑。

"请亮同学为我们说几句，好吗？"我微笑地看着亮问道。

"老师，我知道错了，以后我会努力改正。希望同学们能从我这里吸取教训，遵守自习课的纪律。"亮站起来，向全班同学认真地说道。

全班同学再次鼓掌。

之后的几天，自习课的纪律变得比以往更好了。

锡言锡语

本案例中，教师运用了自圆其说的幽默工具。

对自习课上说话的学生，教师先直接批评，后幽默表扬，也就是俗话说的"打一巴掌揉三揉"，惩罚中有赞扬。既执行班级纪律，又照顾学生面子。特别是后面出乎意料的、幽默式的自圆其说：违规学生因为颜值高，所以被注意到。这种教育方式较好地安抚了学生的叛逆情绪，会产生很好的教育效果。

26. 锡哥加油站

有段时间，班上每天都有几位学生不能按时交作业，经过调查了解，主要原因在于他们懒惰成性。

我决定针对这个问题进行一次特殊的整改。

"同学们，近来我发现我们班有些同学能量不够啊。"我认真地说道。

能量不够？究竟是怎么回事儿呢？学生睁大眼睛，好奇地看着我。

"这段时间，我们班每天都有几位同学无法按时完成作业，为何呢？就是因为他们能量不足，无法承受繁重的作业负荷呀。所以，我打算在办公室设立一个锡哥加油站，自习课的时候，请那些没有交作业的同学到锡哥加油站来领取一颗糖果，补充能量后再补作业。总之，能量不够莫要怕，锡哥加油站随时欢迎你。"

此言一出，学生马上明白了是怎么回事儿，都哈哈大笑起来。

于是，那天没交作业的几位学生在我的"邀请"下，成了锡哥加油站的第一批顾客。他们一边开心地吃着糖果，一边认真地补作业。

此后，班上学生不按时完成作业的情况有了极大的改善。

锡言锡语

本案例中，教师运用了自圆其说的幽默工具。

面对学生因懒惰而不能按时完成作业的困局，教师先为他们寻找了一个自圆其说的理由——能量不足，然后顺势为学生打造幽默的“锡哥加油站”，利用加油站为学生补充能量、解决困难。教师在逗趣学生的同时，让学生感受到教师对他们的宽容及关心，进而让学生主动认识到自身存在的问题并努力改过自新。

27. 三块巧克力

小金（一位很善良的男生）最近早读经常迟到，我致电其家长了解情况，原来是因为天气变冷赖床导致的。

有一天，小金又迟到了。看到我站在教室门口，他加快了脚步，匆匆地小跑着走进教室。

早读后，我招呼小金过来。

“这是我奖励你的。”我把一块早就准备好的巧克力递给他。

小金充满疑惑地看着我，犹豫地伸出手接住那块巧克力。

“今天你虽然迟到了，但是我看到你是一路小跑着过来的，可以看出来，你在努力争取不迟到。这是我颁发给你的奋起直追奖。”我看着小金，微笑着解释道。

“谢谢老师，我一定会奋起直追的。”小金手握“大奖”，有点儿不好意思地笑着回答。

第二天，小金又迟到了，看到依旧站在教室门口的我，他显得非常过意不去，快速奔跑着走进教室。

早读后，我再次招呼小金过来。

“今天你只迟到了 2 分钟，比昨天足足提前了 3 分钟。来，这是我颁发给你的飞跃进步奖。”我又拿出一块巧克力递了过去。

飞跃进步奖？惊讶不已的小金接过巧克力，不好意思地笑了起来。

“谢谢老师，请看我明天的表现吧。”小金看着我，用坚定的语气保证。

果然，第三天，小金不但没有迟到，还提前了 10 分钟到教室。一到教室，他就认真地早读。

早读后，我再一次招呼小金过来。

“今天你的表现非常好，这是我颁发给你的扬眉吐气奖。”我又拿出一块巧克力递过去。

“谢谢老师，我能借花敬佛地也给您颁发奖品吗？”

“可以呀！”我对小金接下来的行动充满了期待。

“老师，这是我颁发给您的宽宏大量、风趣育人奖。”说罢，小金双手郑重地把那块巧克力递给我。

我接过巧克力，和小金双目对视，接着我们开心地哈哈大笑起来。

从那以后，小金上学再也没有迟到过。

锡言锡语

本案例中，教师运用了反向批评法 + 自圆其说的幽默工具。

面对学生的迟到行为，教师采用反弹琵琶式的教育策略，通过细致观察学生的行为，努力寻找学生的闪光点，为迟到的学生寻找表扬的、自圆其说的理由，然后对其进行个性化的幽默式奖励，让学生在愉快的氛围中感受到教师的宽宏大量，从而达到风趣育人的效果。

28.“高人”练功

“同学们，近来细心观察大家的早读情况，我竟然有一个重大发现。”针对班上早读时总有个别学生读书状态不理想的现象，班会课上，我决定把问题提出来。

重大发现？学生好奇的目光一刹那聚焦到我身上。

“我发现，这段时间大家读书的声音不大，原来是有部分‘高人’在练功呢。有看着书本沉默不语的，那可能是在练习哑巴功；有读书声如蜜蜂一般嗡嗡响的，那应该是在练习蜂叫功；有发音如鸟儿一般叽叽喳喳的，那肯定是在练习鸟鸣功吧。”我看着学生，微笑着解释道。

此时，学生已经笑得合不拢嘴。

“偶尔练一下功是正常的，但若经常如此，那可是很容易走火入魔的。希望大家以后谨慎为之，好吗？”

“好！”学生笑着齐声回答。

此后，班级早读情况有了比较大的改善。

锡言锡语

本案例中，教师运用了自圆其说的幽默工具。

针对部分学生早读状态不理想的情况，教师没有直接进行严厉批评，而是采用出其不意的教育方式，为其寻找幽默的自圆其说的理由——高人在练功，对学生进行委婉的批评，让学生在愉快的气氛中接受教师的引导。

八、自相矛盾

29. 四篇真的少了点儿

班规规定：迟到者每迟到一次罚抄两篇古文（每篇不少于 120 字），晚自习时由纪律委员统计迟到者当天的迟到次数，并执行惩罚。

男生小星是当时的迟到大户，他几乎每天都迟到一次，然后被执行罚抄。

有一天，小星居然上午、下午、晚自习时都迟到了。于是，晚自习时，纪律委员找到小星示意他抄写六篇古文。当时我刚好就站在小星的旁边，小星看着我，向我抱怨道："老师，六篇太多了，可以只抄四篇吗？"

"四篇？不行，太少了。"我微笑地看着小星道。

听我如此答复，小星只得看着我苦笑。

"四篇真的少了点，两篇怎样？"我继续微笑着说道。

"两篇，真的吗？谢谢老师开恩。"听到我居然这样说，小星开心地向我感激道。

接下来，我找到纪律委员，向他说明了小星的情况。

果然，经历了我的宽容对待后，小星迟到的次数越来越少了。

锡言锡语

本案例中，教师运用了自相矛盾的幽默工具。

教师的"四篇真的少了点儿"与"两篇怎样"相矛盾的幽默表述，既让学生深切领会到教师的豁达及宽容，也让学生对教师心怀感激，进而自我反省并自我改善。

— 第二辑 —

激活课堂的幽默智慧

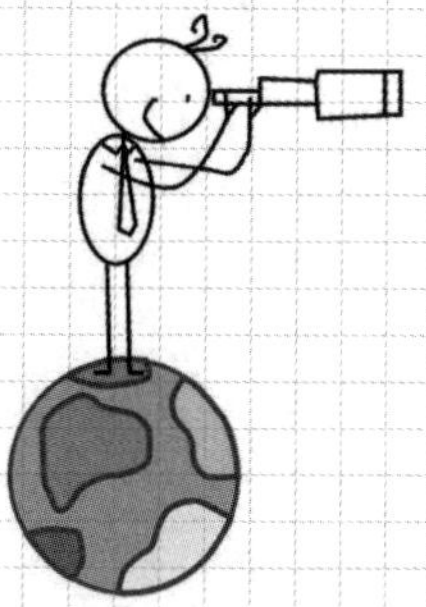

如今，不少学生学业压力巨大，由此引发了种种问题。例如，由于熬夜做作业导致第二天上课精神不振，学生上课时目光呆滞、昏昏欲睡。面对此困境，一般的教师是如何破解的呢？根据我多年的观察，教师们主要采取的是“先礼后兵”的策略。

“礼”，就是先晓之以理，再动之以情。教师先跟学生讲道理，例如，上课要保持精神集中，坚持就是胜利等。当讲道理无效时，教师马上变换角度，开始讲父母含辛茹苦支持儿女读书如何不容易，教师“台上一分钟，台下十年功”备课呕心沥血如何辛苦，力求动之以情。但是，实践证明，很多时候其效果微乎其微。为何？其一，以上的理和情，从幼儿园开始，学生已经经历太多，早就对它们麻木不仁；其二，学生真的太累了，这些老旧的“药方”难以治愈他们的劳累症。

“兵”，就是先扣分、罚站，再请家长。“礼”不行，那就“兵”吧。上课趴在课桌上就扣德育分。扣分还不行？那就罚站。站起来还在打瞌睡？好，请家长来学校和教师一起教育。还不行？那就使出回家反省的撒手锏。如此处理有效果吗？实践证明，也许对少部分学生有效果，大部分情况下会导致师生关系紧张。教师在处理过程中劳累不堪，吃力不讨好；学生逆反心理被激发，他们的表现最终还是“外甥点灯笼——照旧（舅）”，最后教师只有不了了之。

那么，是否有一些比较理想的办法解决以上问题呢？根据我的课堂实践经验，我认为幽默化的处理或许可以很好地激活课堂，让学生的学习热情高涨。

心理学研究表明，学生的注意力每次大概只能持续 15 分钟。所以，如果课堂上教师能根据学生的具体表现，偶尔幽默地调侃几句，制造诙谐愉快的课堂气氛，让学生多笑一笑，让他们的紧张情绪放松放松，让学生的大脑得到片刻的休息，那么就可以让接下来的课堂学习更有效率。同时，教师的幽默行为还会让学生感受到春风化雨般的温暖，从而拉近师生的心理距离，让师生关系更和谐。

一、自圆其说

30. 为师又可以上岗啦

有一天，我在某班上化学课。学生核对完作业的答案后，我问道："大家都懂了吧？"一开始，学生不语。然后，突然一位男生小声嚷道："老师，我不懂啊。"

"不懂？非常好。"我回应道。听到我居然说"非常好"，学生愕然。

"这位同学说不懂，就证明他已经认真思考过了。正是因为你们有不懂的地方，为师我才不会失业呀。现在，我终于又可以上岗为你们讲解啦。"我微笑地看着大家调侃道。

学生笑了起来，接下来的课堂互动异常活跃精彩。

锡言锡语

本案例中，教师运用了自圆其说的幽默工具。

教师为学生的不懂寻找诙谐幽默的理由：为师我又可以上岗啦。这样做既逗趣了学生，又激活了课堂。

31. 为师的感动

一天，上课前 5 分钟，我就站在讲台上做准备。学生陆陆续续走进来。离上课还有 1 分钟的时候，一位男生快速地从外面跑到教室门口，然后停下来，站在门里面伸出头向走廊外张望，等待教师从楼梯口出现。

见此情景，班上的学生看看我，再看看他，然后大笑。那位男生扭头看见已经站在讲台上的我，不好意思地笑笑，然后跑回自己的座位。

"想不到居然还有同学如此关注我，谢谢这位可爱的粉丝，让我今天感受到了明星般的待遇，我真的太感动了。我已经在这里了，你们呢？哦，都来齐啦，那么我们开始上课吧。"面对这种情景，我看着大家调侃道。

学生笑着鼓掌，然后精神抖擞地投入课堂。

锡言锡语

本案例中，教师运用了自圆其说的幽默工具。

教师为学生的可爱行为寻找诙谐幽默、自圆其说的理由：教师的粉丝在关注、等待他的到来。如此，既为学生化解了尴尬，又激活了课堂。

32. 为师的发型

有一天，我在某班上课。由于是上午第一节课，很多学生睡眼惺忪，课堂比较沉闷。

课堂上，我突然发现一位女生看了看我的发型，然后悄悄地和同桌交流，她们的嘴角露出了一丝微笑。

我知道，我的发型有点瑕疵。（一位业余理发师的“作品”。）

“今天，大家是否觉得老师的发型有点问题呀？有些同学也许觉得挺搞笑吧。那很好，请继续笑吧，这正是我选择这个发型的意图。此发型能换来大家的精神抖擞，效果真好哇。”我看着学生，微笑着为自己的发型解释道。

学生看着我的发型哈哈大笑，那两位女生也抿着嘴笑，笑声过后，大家精神焕发。

锡言锡语

本案例中，教师运用了自圆其说 + 自嘲的幽默工具。

课堂上，学生做小动作，教师却自嘲是自己的新发型引起的。教师根据学生的表现及课堂氛围，巧妙地为学生的行为寻找自圆其说的理由。教师此举既逗趣了学生，又激活了课堂。

33. 讲台上的葡萄酒

一天，教室里的讲台上放着几瓶供学生课余时间进行生物实验的材料：葡萄酒。

我走上讲台准备上课，看着面前奇怪的紫色液体，一脸惊讶。学生看着我惊讶的表情，都笑了起来。

询问旁边的一位学生，明白了是怎么回事儿后，我看着大家说道：“谢谢大家的好心，原来你们担心我上课辛苦，所以特地为我准备了那么多好酒呀。当我觉得累的时候，我一定会停下来喝几口的。”

学生大笑。笑声过后，大家以饱满的精神状态投入课堂。

锡言锡语

本案例中，教师运用了自圆其说的幽默工具。

教师面对讲台上的葡萄酒，幽默诙谐地解释为学生因为担心教师上课辛苦，特地为教师准备的礼物。教师此举既逗趣了学生，又激活了课堂。

34. 临时调课

一天早上，林老师突然致电给我。原来在上班路上，他的小汽车意外爆胎。因为要修车，他早上第一节课来不及上，所以想找我调课，让我上他的第一节课。我应许。

于是，早上第一节课上课前，我来到教室。学生都惊讶地看着我，以为我走错了教室。

“非常感谢林老师的小汽车，它知道我是如此渴望早点儿见到你们。为了实现我的愿望，它居然不顾主人的感受，在今天早晨上班途中，竟然主动爆胎了，导致林老师不得不找我来调课，以满足我早上第一节课就见到你们的心愿。”迎着学生疑惑的目光，我用调侃的方式解释了事情的来龙去脉。

学生瞬间明白，都纷纷笑起来。笑声过后，开始上课。

锡言锡语

本案例中，教师运用了自圆其说 + 拟人化的幽默工具。

教师把调课原因解释为小汽车在幕后操纵，将小汽车拟人化，既逗趣了学生，又激活了课堂。

35. 提前站起来的男生

三月容易春困，有些学生上课时总是昏昏欲睡。有天早上第一节课，我提前进入教室，走上讲台，等待着上课的铃声。

一位睡眼惺忪的男生看到我已经到位，以为我已经喊“上课”了，他猛地站了起来，张口就喊“老师好”，却突然发现自己闹了一场乌龙，便尴尬地向四周看了看，然后坐了下来。周围的学生见此情景，都笑了起来。

“今天我特别感动。这位同学是多么热切地盼望着我来为大家上课呀，我还没有喊‘上课’呢，他就迫不及待地站起来了。让我们一起来为如此好学的同学鼓掌吧。”我看着大家大声号召道。

学生纷纷笑着鼓掌，然后精神抖擞地开始上课。

锡言锡语

本案例中，教师运用了自圆其说的幽默工具。

教师为因犯困而闹乌龙的学生进行自圆其说且幽默的解释，既为学生化解了尴尬，又顺势激活了课堂。

二、自嘲

36. 我是打酱油的

一天，英语老师有事临时请假，她安排课代表带领大家完成课堂任务。为了保证课堂质量，她专门交代我这个班主任有空的话就过去监督一下。

刚好那节课我在其他班也有课，于是，在上课的前1分钟，我专门赶到了自己班上。

“现在请以热烈的掌声欢迎我们的小英语老师上讲台。”我对全班同学说道。

在热烈的掌声中，英语课代表快步走上讲台。

“起立。”我大声喊道。

“老师好！”学生整齐地站起来回应。

“请坐。”我说道。

学生坐下后，英语课代表则有点害羞地站在讲台前不知所措。

“现在，请我们的小英语老师开始为大家上课。我呢，今天只是路过这里顺便打酱油的。现在，我马上要去三班干正事——上课了。请再次以热烈的掌声欢迎我们的小英语老师为我们上课吧。”我微笑地看着大家号召道。

学生先是大笑，接着掌声响起来。英语课代表精神抖擞。我则快速离开。

后来，学生反映那节课的效果挺好的。

锡言锡语

本案例中，教师运用了自嘲的幽默工具。

科任教师临时有事，让课代表代为“上课”。班主任该如何做才能激活课堂呢？案例中，教师利用幽默诙谐的语言自嘲“今天只是路过这里顺便打酱油的”，营造了愉快的气氛，激发了学生投入课堂的热情。

37. 新来的师弟

一天上课前，我穿着一件黄色的新衬衫来到教室。

部分学生看着我，竟然笑了起来，然后议论纷纷。原来是因为我的新衣服和他们的校服太像了。哈哈，这班学生也真够可爱的。

“大家看我穿的衣服是不是和你们的校服一样呢？”我看着学生突然问道。

“是呀。”学生纷纷回答。

“现在，你们怎么还不以热烈的掌声欢迎我这位新来的师弟呢？”我看着大家笑着说道。

学生大笑，继而热烈鼓掌。

锡言锡语

本案例中，教师运用了自嘲的幽默工具。

教师放下师者的架子，大方地自嘲为学生的师弟，不仅化解了自己的尴尬处境，而且让学生看到了教师的可爱与豁达，从而赢得了学生的尊重和喜爱，并且激活了课堂。

38. 我太难了

一节化学课上，我正在为学生讲解一个比较难的知识点。

“大家都懂了吗？还有什么疑问吗？”我解释完后，向学生提问道。

只见学生你看我，我看你，都不吭声。

“好，我再讲一遍吧。”我有点无奈地说道。

“这次大家都明白了吗？还有疑问吗？”讲过第二遍后，我看着学生继续提问。

也许那个知识点真的太难了，学生还是脸露疑惑，沉默依旧。

“哦，我太难了。你们都不吭声，我怎么知道你们有哪些困惑呢？”为了打破沉默的气氛，我突然自嘲道。

听到老师居然蹦出这句非常流行的“我太难了”网络语，学生纷纷笑了起来。沉默的气氛终于被打破，接下来学生开始踊跃发言，纷纷提出自己的困惑。

最后，我根据学生的提问，逐步把那个知识难点攻破了。

锡言锡语

本案例中，教师运用了自嘲的幽默工具。

教师通过自嘲“我太难了”，让学生在看到教师的“潮”的同时，明白教师的不易，明白在课堂上学生的回应是对教师的尊重。教师此举既逗趣了学生，又激活了课堂。

39. 老师的“打狗棒”

“同学们，这道题大家现在都懂了吗？”一节化学课上，我讲解了一道比较难的题目后提问学生。

教室里一片寂静，没有一个学生回应。

“已经明白的同学请举手。”我说道。

终于有十来位学生举起了手。

“请举手的小菲同学上来为大家讲解一遍，好吗？让我们掌声有请小菲同学。”我看着小菲一边鼓掌邀请，一边说道。为了活跃课堂气氛，我决定换一种方式再对这道题进行讲解。

小菲是一位成绩优秀且发言积极的学生。在我的鼓励下，她快步走上讲台，用手指着投影上的题目，准备开始讲解。

为了方便小菲讲解，我将手上的教鞭递给她。

殊不知，小菲竟然向我摆摆手，表示不需要。

那一刻，我突然有点儿尴尬。

“哦，我忘记了，原来小菲和我不一样哦。她不是丐帮的人，我这‘打狗棒’肯定不适合她。”为了化解尴尬，同时激发大家的上课热情，我看着手上的教鞭，自我调侃道。

小菲大笑。其他学生也哈哈大笑。笑声过后，精彩课堂继续。

锡言锡语

本案例中，教师运用了自嘲的幽默工具。

教师通过自嘲“丐帮的人”，称教鞭为“打狗棒”，既巧妙地化解了课堂尴尬，又让学生看到了教师的豁达与可爱，还有效地激活了课堂。

三、谐音

40. 容易吗

一天，我在某班上化学课，雨后闷热的天气令学生无精打采，个别学生甚至睡眼惺忪。

见此情景，我决定根据上课内容，找机会调侃一下，活跃课堂气氛。

“同学们，虽然甲醛只有一个醛基，但是它却和其他只有一个醛基的醛类物质不同。它居然可以被氧化两次，它容易吗？不容易呀！”在分析完甲醛的性质后，我大声地感叹道。

“大家再看看我们班的家全（谐音“甲醛”）同学，他今天虽然昏昏欲睡，但是却依然坚持认真听课，他容易吗？也不容易呀！”我看着学生，突然调侃道。

顿时，全班学生看着家全同学捧腹大笑，家全也开心地跟着笑。笑声过后，学生变得神采奕奕。

锡言锡语

本案例中，教师运用了谐音的幽默工具。

当课堂沉闷时，教师把上课内容“甲醛”与学生“家全”巧妙地联系起来，既逗趣了学生，又激活了课堂。

41. 么么哒

一个春天的早上，我在某班上课，部分学生犯起了春困，无精打采地趴在桌子上。

“请同学们互相瞧瞧自己的同桌，看看对方是否趴在桌子上。如果是的话，请用手轻轻地摸摸对方的额头，感受一下他们的额温是否正常。若有异常，请马上报告给我，我要立即请校医。”我看着全班学生调侃道。

于是，那几位犯困的学生在同桌的提醒下，马上坐得端端正正。

“看来效果不错哦，谢谢那些主动关心同桌的同学。大家可要记得哦，以后凡是遇到此类情况，请伸出你们的手，关心关心对方，摸摸他，么么哒。”我继续笑着调侃道。

此刻，笑声在教室里回荡。那几位睡眼惺忪的学生也精神大振，全情投入课堂学习。

（注：么么哒，为网络流行用语，可以用来表示人与人之间的亲昵。常用于卖萌，表达单纯的欣赏和喜爱之情。）

锡言锡语

本案例中，教师运用了谐音的幽默工具。

教师把“摸摸他”谐音为搞笑幽默的网络流行语“么么哒”，既激活了课堂，又令犯困的学生在欢乐的气氛中精神抖擞。

42. 香吗

某天下午，我正在某班讲评一份化学试卷。

“比较一下这两条化学反应，大家觉得它们像吗？”我指着黑板上的板书向学生提问。

教室里一片沉寂，学生无精打采。

“请注意，比较一下这两条化学反应，大家觉得它们香……吗？”为了打破沉闷的气氛，这次我故意把“像”抬高音量后错念成“香”。

听到我这样念，学生猛地哄笑起来。

“香！真香！”学生开始笑着大声应和着。

“好，那就让我们一起来研究研究它们究竟香（像）在哪里吧。”我继续“将错就错”。

学生顿时热情高涨。

锡言锡语

本案例中，教师运用了谐音的幽默工具。

教师故意将“像”谐音为“香”，通过改变一个小小的音节，产生了意想不到的奇妙效果，既逗趣了学生，又激活了课堂。

四、突然哼唱，活用歌词、俗语、古诗

43. 你还记得吗

一个春天的早上，我正在一个全年级公认非常沉闷的文科班上课。在讲评试卷的时候，开始无论我怎样发问，下面基本上都是鸦雀无声——学生春困泛滥。

“这个题目考查的是质量守恒定律，是我们初三就学过的内容，质量

守恒定律怎样讲？还记得的同学请回答。”面对我的提问，教室里寂静依然。

“你还记得吗？你还记得吗？记得的请给我一个回答。”我突然用一首流行歌曲的调子哼唱了起来。

听着这突如其来的歌声，学生惊讶不已，继而大笑起来。接下来，课堂气氛终于活跃起来。

在后面的课堂中，我根据所讲内容，不间断地又随意发挥哼上一两句，熟悉的旋律驱散了学生的疲惫，我们在欢乐轻松的氛围中继续学习着新的内容。

锡言锡语

本案例中，教师运用了突然哼唱的幽默工具。

针对很多学生犯困的情况，教师改变平时上课古板讲授的模式，用幽默可爱驱散学生的疲惫，有效地激活了课堂。

44. 你是铅儿，我是锡

一天，我在某班上第一学期的第一节化学课。

如何介绍自己？我尝试使用幽默的方式介绍自己，课后学生反映效果挺好。

“大家好，曾经有一首流行歌曲在我面前出现，那时我不懂得珍惜，没能完全把歌词记下来，到现在我只记得其中的一句，大家能猜到是哪句吗？”我看着学生提问道。

学生做梦都想不到新教师的开场白竟然如此奇葩，都睁大眼睛充满期待地看着我。

“那句歌词就是‘你是风儿，我是沙’。”我大声地哼唱起来。

噢，新教师竟然唱起来啦，学生们都笑了起来，目光中都充满了疑惑，教师的葫芦里究竟装的是什么药呢？

“现在，我想把这句歌词改一下，改为‘你是铅儿，我是锡’，大家知道我为何这样改吗？”我继续问道。

学生都看着我，更加好奇了。

“本人姓陈名锡，锡乃元素周期表中的第 50 号元素也，铅乃元素周期表中的第 82 号元素也，把金属锡和铅混在一起，就可以形成一种性能优良的合金焊锡。作为你们的化学老师，我希望‘你是铅儿，我是锡’，我们一起化身为焊锡，用焊锡把那些看似杂乱无章的化学知识整齐地焊在一起，然后装进我们的大脑，让大家最终都成为笑傲江湖的化学天才，好吗？”

“好！”学生笑着齐声欢呼。

接下来，学生心情愉悦地开启了化学学习之旅。

锡言锡语

本案例中，教师运用了突然哼唱 + 修改歌词的幽默工具。

教师先突然哼唱“你是风儿，我是沙”，引发学生的好奇，然后修改歌词为“你是铅儿，我是锡”，把教师的名字、化学知识及教师对学生的期望融入其中。教师这样做自我介绍，既幽默逗趣了学生，又拉近了师生距离，还有效地激活了课堂气氛。

45. 氨气都去哪儿了

“在这样的条件下，为什么氨气的浓度变成了零呢？氨气怎么会突然消失了呢？”一节化学课上，我在讲解习题时看着学生提问。

也许是昨晚睡得太迟，现在又是早上第一节课，学生普遍显得精神涣散、昏昏欲睡。在我提问之后，教室里竟然鸦雀无声。

“记得有一句歌词是这样唱的，‘时间都去哪儿了’（哼唱），那是一句劝君珍惜光阴的话。但今天我只想对你们唱，‘氨气都去哪儿了’（哼唱），请大家积极思考回答，这道题中的氨气究竟去了哪里，好吗？”我看着学生哼唱着说道。

面对我突如其来的哼唱，学生瞬间精神一振，笑着齐声回答：“好！”精彩课堂继续。

锡言锡语

本案例中，教师运用了突然哼唱+修改歌词的幽默工具。

教师先突然哼唱“时间都去哪儿了”，引发学生的好奇，然后修改歌词为“氨气都去哪儿了”，促进学生思考。教师如此操作，既幽默逗趣了学生，又拉近了师生距离，还激活了课堂气氛。

46. 路见不平一声吼

在一节试卷讲评课上，无论我多么卖力地讲解，下面总有几位学生听着听着就开始打瞌睡。

突然，一位女生在抄写笔记的时候，手一不小心碰到了放在桌子上的保温杯，杯子“砰”的一声跌落到地板上，然后滚到了前排男生的脚下，男生发出“啊”的一声惊叫，然后快速俯下身子，帮忙把杯子捡了起来。

“看着刚刚发生的这一幕，我挺感动的。这位男生的助人行为让我想起了一首歌。”看此情景，我灵机一动，看着学生缓缓地大声说道。

“一首什么歌呢？”学生都满怀期待地看着我。

“那首歌中有两句是这样唱的：‘路见不平一声吼哇，该出手时就出手哇。’”我看着学生突然哼唱起来。

我那两句拗口的《好汉歌》歌词一唱出来，学生顿时乐开了花，之前昏昏欲睡的几位学生也精神抖擞起来。

锡言锡语

本案例中，教师运用了突然哼唱的幽默工具。

为了打破沉闷的课堂气氛，教师巧妙地根据课堂上突然发生的一个小插曲，用两句哼唱对该事件进行了幽默的阐释。教师此举既表扬了学生的助人行为，又为全体学生注入了一针愉快的强心剂，有效地激活了课堂。

47. 自作多情式犯错

一节化学课上，我让学生完成一道很容易踩陷阱的题目："在等体积、等物质的量浓度的氯化钠及氯化钾溶液中，阴、阳离子物质的量之和均为 2 摩尔，请问是否正确？"

学生完成后，我提问一位平时成绩落后的学生。该生答曰："正确，理由是氯化钠及氯化钾的物质的量都等于 1 升 ×1 摩尔 / 升。"

我又提问一位平时成绩中等的学生。该生的回答也是如此。

我继续提问一位平时成绩优秀的学生，该生的答案也一样。

"同意以上三位同学的请举手。"我微笑地看着大家问道。

学生纷纷举手。

"同学们，此刻我的心情有点沉重哦。我很想送给大家一句歌词。"我看着学生，故作伤心地说道。

学生齐刷刷地看向我，目光充满疑惑及期待。

"不要自作多情去做梦。"我看着学生，突然大声哼唱起来。

此刻，学生都情不自禁地小声笑了起来，但眼神却显得更加疑惑了。

"因为大家把题目中的等体积自作多情地错误地解读为就是 1 升，把等物质的量浓度自作多情地错误地解读为就是 1 摩尔 / 升了，这样的解读不正是自作多情去做梦吗？"我看着学生，用调侃的语气解释道。

"哦，我明白啦，这真是一次痛彻心扉的教训哪。"有个学生顿悟后，忍不住喊道。

"大家以后还会像今天一样，自作多情地解题吗？"

"绝对不会啦！真是多情容易踩陷阱，自古多情空余恨哪。我们以后会变得更理智的。"有个学生笑着大声回应。

其他学生听罢，也跟着开怀大笑。

锡言锡语

本案例中，教师运用了活用歌词的幽默工具。

课堂上，学生纷纷被一道容易弄错的题目迷惑。为了让学生对这次错误印象深刻，教师根据学生的表现引入并哼唱了一句很有意思的歌词，并且利用歌词对学生的错误进行了深刻剖析，在逗趣学生的同时，也让学生对自己的问题有了更深刻的领悟。

48. 稳稳的幸福

“同学们，从化学平衡的角度来看，为什么上述几条化学反应中，这条化学反应正反应进行的程度是最大的呢？因为它放热，同时混乱度增大，所以经过化学反应后它就可以达到更稳定的状态。”一节化学课上，我正在讲解一道题目。

“那为什么越稳定，化学反应进行的程度就越大呢？”这时一位学生举手问道。

“也许可以试着这样理解，就像我们每个人都在追求稳定幸福的生活一样，宇宙万物也一直在追求着属于它们的稳定幸福的归属感，所以，如果彼此反应可以催向更稳定的话，那么它们反应进行的程度就会更大。如果它们会唱歌，我想它们肯定就会像我们一样唱‘我要稳稳的幸福’。”我看着学生解释完后，还顺便哼唱了一句。

听着我的解说，学生都满意地笑了起来，然后鼓掌喝彩。

锡言锡语

本案例中，教师运用了拟人化 + 活用歌词的幽默工具。

当学生对某个化学知识点有疑惑时，教师通过对化学反应拟人化的解释，及最后的活用歌词“我要稳稳的幸福”，让学生在愉快的氛围中，对化学知识有了更深刻的理解。

49. 一山不容二漂

“请大家注意，在具有漂白性的氯水中通入同样具有漂白性的二氧化硫气体时，所得溶液的漂白性会减弱，甚至消失，因为它们之间发生了化学反应，生成了没有漂白性的新物质。”一节化学课上，我看着学生总结道。

“哦，漂白加漂白，其结果居然是漂白效果减弱或消失，真的是不可思议呀！”这时，一位男生突然感叹道。

“是呀，俗语有云，‘一山不容二虎’，现在我们可以把这句话改为‘一山不容二漂’啦！”我看着那位男生，用调侃的方式给予他积极的回应。

那位男生大笑。其他学生也跟着一起笑。

锡言锡语

本案例中，教师运用了活用俗语的幽默工具。

教师活用俗语“一山不容二虎”为“一山不容二漂”，既幽默回应了学生的突然插话，又让学生对课堂教学内容印象更加深刻。

50. 化学课上的古诗

一个秋天的下午，我正在教室上课，突然狂风大作，窗外的大树被吹得落叶纷飞。学生刹那间都朝窗外看去，他们被眼前的美景迷住了。

面对这突发的情景，我慷慨激昂地朗诵道：“无边落叶萧萧下，不尽知识滚滚来！”学生一听，瞬间都惊呆了，接着掌声雷动，掌声中还伴随着一阵阵叫好声。

“同学们，今天难得遇到这样的美景，我们就一起欣赏 1 分钟吧。”我提议道。

后来，1 分钟不到，学生就全神贯注地投入课堂了。

锡言锡语

本案例中，教师运用了活用古诗的幽默工具。

教师用渊博的语文知识，为眼前的景象赋予改编的诗句，巧妙地把学生涣散的注意力拉回到课堂上。

51. 为口诀谱曲

“同学们，请认真地把这些物质的溶解度口诀抄写下来，然后背熟。”一节化学课上，我把物质的溶解度口诀投影出来后，向学生要求道。

“老师，这些口诀太有意思了，您能把它们唱出来吗？”突然有位学生看着我调侃道。

“哦，这个主意挺好的。可惜它们都还没有被谱上曲调哇，我怎么唱呢。”我看着那位学生摇摇头，装作无奈地回答。

“老师，我晚点去学习作曲，然后再为您的口诀谱曲，到时您可记得为我们高歌一曲哦。”这时，学生小枫冷不防地笑着调侃补充道。

“好，非常好，我期待你的大作。你的心意让我挺感动的，李白曾经写过‘桃花潭水深千尺，不及汪伦送我情’。此刻，我只想对你说，‘学校泳池深千米，不及小枫赠我曲’。”

我新编的古诗一出，学生顿时开怀大笑，小枫也是笑逐颜开。

接下来，学生热情高涨，课堂继续。

锡言锡语

本案例中，教师运用了活用古诗的幽默工具。

学生调侃要为教师的口诀谱曲，教师马上用两句新编的古诗进行回应。教师此举既逗趣了学生，又激活了课堂。

52. 迷倒

一节化学课上，我正带领学生学习一个非常重要的知识点。

我把题目投影出来，让学生一边抄写，一边思考。

“题目太长了。”几个学生小声抱怨。

“题目的确是长了一点，但这个知识点非常重要。如果你现在没有弄明白，到了高三还会被它迷倒的。”我说道。

“迷倒？老师口误了吧。”部分学生疑惑地看着我，小声提醒道。

“因为没弄明白，总是迷迷糊糊的，所以就在这个知识点上倒下了，简称迷倒啦。”我笑着回应。

迷倒竟然可以这样理解？学生哈哈大笑，然后继续认真抄写题目。

锡言锡语

本案例中，教师运用了活用词语的幽默工具。

面对学生的抱怨，教师没有直接批评教育，而是巧妙地引入词语“迷倒”，并给予幽默诙谐的新解释，让学生在笑声中将抱怨情绪抛于九霄云外，再次激活学生的学习热情。

五、借题发挥

53. 无辜的小喇叭

一天，我正在用小喇叭讲课，突然喇叭里出现了刺耳的沙沙声，原来是小喇叭出现了一点小问题。

学生马上躁动起来。

面对此情景，我先静静地看着学生约 3 秒钟，然后转过身低头看向小喇叭，做出一个责怪小喇叭的手势，接着把手放在嘴边，小声地“嘘”

了一声。

面对这出其不意的一幕，学生瞬间明白了我如此幽默的用意，马上大笑着鼓掌。

接下来，我把小喇叭调好。学生继续全情投入课堂。

锡言锡语

本案例中，教师运用了借题发挥的幽默工具。

为了激活课堂气氛，教师借小喇叭出故障做出了一个让学生始料不及的“嘘”的动作，既逗趣了学生，又让课堂再次燃起来。

54. 英雄归来

有一天，我在某班上化学课。由于是早上第一节课，部分学生精神不振。

“那些觉得困倦的同学，你们现在可以自行到教室外面的水龙头处洗洗脸、提提神，然后再回来上课。”我看着那些打瞌睡的学生提议道。

那几位昏昏欲睡的学生马上抬起头，坐得端端正正。

两位男生则响应我的号召，走出教室，用冷水洗脸，然后他们一起回到教室。

“让我们用最热烈的掌声欢迎用冷水洗脸的同学，欢迎他们英雄归来。”我看着学生一边鼓掌，一边号召。

全班同学大笑，热烈的掌声响了起来。

接下来，学生都精神抖擞地投入课堂。

锡言锡语

本案例中，教师运用了借题发挥的幽默工具。

教师对两位洗脸回来的学生进行借题发挥，夸张地把他们返回教室称为英雄归来。教师此举既逗趣了学生，又激活了课堂。

55. 有点帅

一节化学课，由于是周一上午的第一节课，再加上又是容易犯春困的时节，很多学生都昏昏欲睡。

见此情景，我决定进行课前小热身。

“同学们，现在请大家一起来仔细看看，老师的脸上有什么东西？”我看着学生，突然很认真地请求道。

学生先是惊讶，然后是好奇，接着都非常认真地看着我的脸。

“可是没有什么特别的东西呀！”5 秒钟后，有个学生小声回应。

“哦，我太失望了。难道你们没有发现今天老师的脸有点帅吗？”我看着学生，微笑地调侃道。

此言一出，学生瞬间就明白了是怎么回事儿，都纷纷开怀大笑起来。课堂氛围明显好转。

锡言锡语

本案例中，教师运用了借题发挥的幽默工具。

学生精神不振，教师为了活跃气氛，有意提问学生“看看老师的脸上有点什么东西”，然后借题发挥说“有点帅”。教师借用如此出人意料却又合情合理的答案，既逗趣了学生，又激活了课堂。

六、相关联

56. 007

一天，在化学试卷讲评课上，由于天气原因，部分学生萎靡不振。为了帮大家提提神，我决定按学号点名让学生回答问题。

“第 5 题，五五二十五，请 25 号同学回答。”25 号同学微笑着站了起来。

“第 6 题，六六三十六，请 36 号同学回答。”36 号同学微笑着站了起来。

“第 9 题，九九八十一（班上没有 81 号），请 18 号同学回答。”18 号同学微笑着站了起来。

“第 10 题，十十壹零零，请 001 号同学回答。”1 号同学苦笑着站了起来，原来这道题他还没有弄懂。

“那就请 001 号同学的好拍档 007 号同学来帮帮他吧，有请 007 号同学。”学生心领神会地笑起来。7 号同学在笑声中站了起来，最终不负众望，回答得很好。

“007，果然名不虚传哪，我们为他鼓掌。”我带头为 7 号同学鼓掌。

全班同学再次大笑，雷鸣般的掌声响起来。

那些原本昏昏欲睡的学生也瞬间精神了起来。

（注：007 是风靡全球的系列谍战电影中男主角的代号。）

锡言锡语

本案例中，教师运用了相关联的幽默工具。

教师由 7 号学生关联到 007，利用同学们愉快的笑声，把沉闷的课堂激活了。

57. 光棍节

一天，我们正在学习共价键，枯燥的理论知识让学生昏昏欲睡。

“还有两天就是双十一光棍节了，大家知道这是为谁设立的节日吗？”我看着困乏的学生，突然提问道。

“就是为了骗我们多购物呀。”有个学生大声笑着嚷道。

“回答错误，其实它是为那些稀有气体分子设立的。”我的回应让学生有点惊讶，他们都瞪大眼睛看着我。

“因为稀有气体元素的原子核外电子都已经达到稳定状态，所以它们就不需要再和其他原子一起合作通过共同电子对形成共价键了。于是，它们就成了孤单的单原子分子，它们不就是一个个悲催的光棍吗？所以，光棍节就是为了抚慰那些可怜的单身狗的孤独心灵而设立的。”

教室里顿时笑声四起。接下来，学生情绪高涨地投入课堂。

锡言锡语

本案例中，教师运用了相关联及拟人的幽默工具。

教师把单原子分子拟人化为单身狗，并且将它们和光棍节关联起来，貌似荒谬又合情合理。幽默有趣的调侃既加深了学生对化学知识的理解，又激活了学生的学习热情。

58. 同学们辛苦了

春季来临了，学生的春困比较严重。

一天上午，我在某班上课。课前，我走上讲台，看到很多学生趴在课桌上。

“上课！”像往常一样，我开始喊道。

“老师好。”学生也像往常一样，站起来喊道。但由于春困，学生的声音比平时小了很多，且不少学生站得歪歪斜斜，垂头丧气。

“同学们辛苦了！”我大声回应道。（按照平时的习惯，老师应该说：“同学们好！”）

“为人民服务！”面对这突然的变化，学生纷纷笑了起来，然后大声回应。

接下来，学生坐下，精神状态大好。课堂继续。

锡言锡语

本案例中，教师运用了相关联的幽默工具。

教师将课前口令与军训检阅关联起来，把军训检阅时上下级的互动模式迁移到课堂的师生互动上来，既逗趣了学生，又激活了课堂。

59. 隔空呼应

有一天，我在某班上化学课，学生正安静地做着我投影出来的练习题，忽然传来隔壁班教师清晰的讲课声。以往为了避免学生做题时受到隔壁班的干扰，我都会特意提前把教室的门掩上，可惜当天我忘记关教室门了。

“这个选 A 都不知道哇！”我正想掩上门，那位教师激动而响亮的声音又飘了进来，原本正在安静做题的学生听着这声音都笑了起来。

面对着这意外的情景，我乘机指着投影上的练习题对学生说道：“这道题选 A 吗？绝不可能，这可是一道填空题哦，你们可要看清楚哇。”看到我居然和隔壁班教师隔空呼应，学生开心地哈哈大笑，然后继续认真做题。

我快速把教室的门掩好。

锡言锡语

本案例中，教师运用了相关联的幽默工具。

教师把两个本不相关的情景——隔壁班教师讲课的声音及本班学生做的练习题巧妙地关联起来，在欢笑声中把学生的注意力拉回到课堂上，并且激活了学生学习的热情。

60. 守住爱情

“萃取后，为什么碘单质会由水层转移到四氯化碳有机层呢？”一节化学课上，我在演示完萃取实验后，向学生提问道。

“因为碘单质移情别恋啦，它原来是跟着水的，后来抛弃了水，转投四氯化碳的怀抱啦。老师，碘单质太狠心啦。”这时，男生晓峰突然举手，站起来笑着回答道。

听着晓峰口中蹦出如此奇特的答案，班上的学生纷纷哄笑起来。

“从人的情感角度来分析，我觉得晓峰的解释是有道理的。但是我们现在学的是化学，所以必须要从化学的专业角度来解释。因为碘单质在四氯化碳中的溶解度远远大于在水中的溶解度，所以碘单质会从水层转移到四氯化碳层，这就是萃取。大家明白了吗？”我看着大家解释道。

“明白。”学生回应。

“好，既然大家都明白了，那我就接着晓峰同学刚才的思路提醒一下各位。爱情就好像萃取，一旦你的魅力不够，你的另一半就有可能被拐走哦。所以，我希望同学们都能好好学习、天天向上，做一个充满魅力的人，以后都能守住自己的爱情，好吗？”为了回应晓峰刚才的发言，让大家对萃取这个知识点有更深刻的印象，我看着大家调侃道。

听到老师居然这样说，学生纷纷鼓掌，有的学生还大笑起来。

笑声过后，课堂教学继续。

锡言锡语

本案例中，教师运用了相关联的幽默工具。

“爱情就好像萃取，一旦你的魅力不够，你的另一半就有可能被拐走哦。”教师把萃取和爱情相关联，把本来完全不相关的事物关联在一起，让学生对萃取有了更深刻且有趣的印象，增强了课堂教学幽默的效果。

61. 三分之一

“同学们，加热时一定要注意试管里所装的溶液的体积不要超过试管容积的三分之一哦。”一节化学课上，我一边在讲台上演示实验操作，一边提醒学生。

“老师，不一定非要这样吧！那次我在实验室做实验时，试管里的液体体积就超过了那个量，但加热时也没有发生液体喷发意外呀！”这时，班上一位男生突然举手，然后站起来质疑道。

面对这突然的一幕，教室里顿时安静下来，学生都瞪大眼睛看着我，等着我的回应。

“感谢这位同学的大胆质疑，你那天实验之所以没有发生意外，也许是因为溶液过量不是很多，也许是因为加热时温度控制得特别好，也许还有其他原因。但是对于我们一般人来说，控制溶液体积不超过试管容积的三分之一才是最安全的，所以我们必须遵循这个原则。其实人心就好像这试管，我们可不要太贪婪哦，装下三分之一就足矣，否则一旦喷发，不但会伤到别人，还会伤到自己哦。”为了让学生记忆深刻，我继续调侃道。

听完我的解释，班上学生都纷纷笑了起来。那位质疑的男生也跟着一边笑，一边点头表示认同。

接下来，课堂中欢乐的气氛缓缓流动，大家继续认真听讲。

锡言锡语

本案例中，教师运用了相关联的幽默工具。

教师把试管和人心相关联，把本来完全不相关的事物关联在一起，让学生对“溶液的体积不要超过试管容积的三分之一”有了更深刻且有趣的印象，打破了学生的思维定式，增强了课堂教学幽默的效果。

62. 中奖号码

一节化学课上，我们正在学习元素周期表，我要求学生一定要记住，从第一周期到第七周期，每一周期的元素种类数目分别为：2，8，8，18，18，32，32。但是课后经过检查，我发现不少学生几乎忘得一干二净。

为了加深学生的记忆，第二节课一开始，我就看着学生，突然提问道："同学们，大家还记得我们上节课的中奖号码是什么吗？"

中奖号码？学生看着我，一脸愕然。

"上节课，我不是要求大家都记住的吗？就是元素周期表每一周期的元素种类数目。"

哦！原来是这回事儿！此刻，大伙都乐了，学生大声笑着齐读起来："2，8，8，18，18，32，32。"那些已经忘记的学生则赶紧翻开笔记本，跟上大家的步伐。

"好，现在请大家默记1分钟，然后我们来背诵一次。"

1分钟后，大家果然背得很好。

"请大家以后一定要牢记这一连串中奖号码，这样我们才有可能在考试的时候兑奖成功哦，大家有信心吗？"

"有！"学生再次笑着回应。

锡言锡语

本案例中，教师运用了相关联的幽默工具。

为了让学生对一组数字有更深刻的记忆，教师幽默地将那些数字和根本就不存在的中奖号码关联起来，在逗趣学生的同时，也让学生对它们有了更深刻的印象，让课堂教学效果更好。

63. 你我的怡宝

一节化学课上，我拿着一瓶刚买回来的怡宝纯净水，对学生说："这瓶水到底是自来水，还是纯净水？大家能否运用所学知识来鉴别一下？"学生兴致盎然，积极讨论，最后大家总结出一致的方法：检验这瓶水中是否含有氯离子。因为自来水一般是用氯气来消毒的，水中会含有少量的氯离子，纯净水则不会含氯离子。

接下来的实验结果证明：那瓶怡宝纯净水不含氯离子，非自来水也。

“看来，怡宝的广告以后可以改为：经化学权威专家锡哥和他的学生共同鉴定，此纯净水是正宗的纯净水，请大家放心饮用。当然，最后那句广告词还是不能少的，就是：你我的怡宝。”最后，我微笑地对着学生调侃道。

话音刚落，全班同学已笑成一团。

锡言锡语

本案例中，教师运用了相关联的幽默工具。

教师将课堂教学知识和日常生活实践相关联，激发学生兴趣。最后还突然插播了一段和课堂内容相关联的诙谐幽默的广告，制造笑点，让本来枯燥的知识具备了魔法般的吸引力。

七、顺水推舟

64. 打哈欠的回应

一天上午，我在某班上课，我说：“昨天布置的作业完成了吗？请大家把作业拿出来，放到桌面上。”

也许是因为春困吧，学生竟然没有回应，教室里一片寂静。

这时，一位学生突然打了一个哈欠，其他学生爆笑起来。那位打哈欠的学生尴尬地低下了头。

“多谢这位同学特殊而有力的回应，同时谢谢其他同学以那么热烈的笑声对这位同学给予支持。这些都给了正在春困中的我以无限的能量。现在我们开始讲解作业吧。”我面对这突如其来的情境调侃道。

学生马上笑着报以热烈的掌声，然后精神抖擞地上课。

锡言锡语

本案例中，教师运用了顺水推舟的幽默工具。

案例中本来是学生因春困打哈欠，其他学生爆笑，教师却巧妙地顺着该意外的情境进行角色转换，诙谐地说成是学生的热情回应赶走了教师的春困。教师此举既让打哈欠的学生避免了尴尬，又有效地激活了课堂。

65. 要低调

“这种解题方法是我独创的，请大家记住并好好利用。”一节化学课上，我在总结一种解题方法时向学生提醒道。

“老师，您真犀利呀。”（犀利，在广东话里被引申为厉害、高明，是由衷的赞叹。）这时，一位男生看着我情不自禁地惊叫起来，因为他那有点怪怪的调侃语气，很多学生听到后，都笑了起来。

“嘘！”我做出噤声的动作，然后压低声音道，“谢谢您的肯定和鼓励，但是请大家低调一点，这种独创的方法我只告诉你们，一般人我是不会告诉他们的。”看着那位男生，我也调侃着回应道。

学生大笑，然后继续投入气氛热烈的课堂。

锡言锡语

本案例中，教师运用了顺水推舟的幽默工具。

面对学生无意的“您真犀利呀”的调侃，教师顺势以幽默的调侃回应，提醒学生低调一点，同时说“一般人我是不会告诉他们的”，既逗趣了学生，又激活了课堂。

八、借力打力

66. 插播广告

有一天，在课堂上，当我讲到醋酸属于一种弱酸时，一位男生突然小声地接着我的话说道：“研究表明，醋是一种碱性食品（电视上经常播放的一句广告词）。”虽然他的声音很小，但是很多学生已经听到了。学生看看我，又看看那位男生，都小声地笑了起来。

“是呀，醋酸属于一种弱酸，但为什么刚才这位男生在插播广告的时候，却说醋是一种碱性食品呢？”学生听我如此发问，都用疑惑的眼神看着我，期待我做进一步的解释。

“醋酸在被消化之前是酸性的，但是经过我们消化后，醋酸就生成了其他水溶液呈碱性的物质，所以人们就认为醋是碱性食品。”我解释道。学生恍然大悟，纷纷点头。

“谢谢这位同学，您刚才插播的广告太及时了，欢迎下次继续插播。不过广告费嘛，我得替全班同学代收哦。”我看着那位男生调侃道。

学生大笑，然后继续认真听课。

锡言锡语

本案例中，教师巧妙地运用了借力打力的幽默工具。

教师先利用学生制造的意外进行知识讲解，后借力“欢迎下次继续插播。不过广告费嘛，我得替全班同学代收哦”制造笑点，让学生对课堂内容印象深刻。

67. 碰瓷

一节化学课上，我们在学习蒸馏的知识。

“为了防止蒸馏时发生爆沸，我们需要在蒸馏烧瓶中加入一些碎瓷片，不过加的时候要特别注意，不要用力过猛把烧瓶弄破了。”我提醒学生道。

“加碎瓷片？那不成碰瓷了吗？我喜欢。”一个男生突然笑着插嘴调侃道。

“是呀，如果不小心把烧瓶弄破了，那可就真的成了碰瓷了。如果这位同学家里很有钱的话，你碰瓷也无妨，弄坏一个烧瓶也就是赔一点儿钱而已。”我微笑着回应，然后向全班学生说明了学校实验室管理的规章制度。

“哦，我明白了，这样的碰瓷我还是要避免呢。”那位男生恍然大悟，不好意思地回应道。

课堂继续。

锡言锡语

本案例中，教师巧妙地运用了借力打力的幽默工具。

教师既利用学生插嘴调侃的意外幽默地回应了学生，又顺势借力强调了实验安全问题，为课堂教学锦上添花。

68. 化学课堂上的英语

“请小明同学来回答这个问题吧。”化学课堂上，我向小明提问。

“老师，我可以用英语来回答这个问题吗？”小明站起来，居然提出了如此独特的要求。

学生惊愕不已。我也愣住了。

“可以，那你就用英语来回答吧。”我决定看看小明的英语水平究竟如何。

“I don’t know（我不知道）！”小明大声回答。

看到如此的恶作剧，学生都大笑起来，然后都看着我如何应对。

“Oh, My god（我的天啊）！ Your English is so good（你的英语是那

么好), but your chemistry is a little off(但你的化学却有点糟糕呀)! Don't give up(不要放弃). Let's continue our efforts(让我们继续努力吧)!”我看着小明,也用英语缓缓地大声回应道。

开始学生入神地听着,然后伴随着掌声,大家都笑了起来。小明也鼓起掌来。

接下来,精彩课堂继续。

锡言锡语

本案例中,教师运用了以调侃应对调侃+借力打力的幽默工具。

面对学生的恶作剧,教师没有直接进行批评教育,而是出人意料地以调侃的方式进行回应。教师用英语与学生对话,在表达惋惜的同时,对学生进行了鼓励,让学生看到教师的幽默豁达,从而爱上化学课堂。

69. 吸热反应和放热反应

有一天,我正在某班上化学课,正所谓“春眠不觉晓”,也许是因为春困吧,很多学生昏昏欲睡。上课才开始几分钟,我就发现两位男生已经趴在桌子上了。

以往遇到这种情况,我会悄悄地走过去,然后轻轻地问他们是否身体不舒服。这次我想变换一下解决方式。该怎么办呢?结合刚刚所学的化学知识,我计上心头。

“今天我发现我们班出现了一种很特别的现象,一部分同学精神很好,但是也有一部分同学无精打采。你们知道为什么会这样吗?”我看着大家,突然提问道。

学生疑惑地看着我,急切地想知道答案。

“结合今天学习的化学知识,我想答案也许是这样的。那些精神好的同学体内正在发生着吸热反应,所以自身的能量越来越高,于是就精神抖擞。而另一部分同学体内则正在发生着放热反应，以致自身能量越来越少，所以就无精打采。”我借用化学知识调侃道。

同学们纷纷大笑起来。

“现在让我们一起提醒身边那些正在进行着放热反应的同学吧，让他们快快警醒起来，把自身的放热反应调整为吸热反应，好吗？”我继续大声调侃道。

“好！”学生笑着回答。

此时，那两位趴在桌子上的男生已经在身边同学的提醒下变得精神抖擞。其他精神不振的学生也变得精神饱满了。

锡言锡语

本案例中，教师运用了借力打力的幽默工具。

教师非常巧妙地借力课堂教学的知识来解决当下学生的春困问题。教师如此幽默有趣的处理方式，让学生既颇感意外，又觉得合情合理。教师在让学生深刻理解知识的同时，也有效地解决了课堂上的问题。

70. 我们不一样

有一天，我在课堂上讲解碳原子和硅原子的异同点。

“碳原子和硅原子的最外层电子数都是4，所以它们具有相似的化学性质，它们的最高化合价都是正四价，这是它们一样的地方。”我解释道。

“我们不一样……”，这时，突然从教室外面的运动场上飘过来一阵响亮的歌声。

学生看着我，纷纷笑了起来。

“哦，这位同学唱得好哇，莫非他是我事先安排的托儿？碳原子和硅原子的确也有不一样的地方，它们的电子层数就不一样，所以它们也存在一些性质上的差异。”我借着歌词继续解释道。

学生大笑着鼓掌。

精彩课堂继续。

锡言锡语

本案例中，教师运用了借力打力的幽默工具。

教师巧妙地将意外传来的歌声与课堂教学内容相结合，借着“我们不一样”的歌词继续展开课堂教学，既把学生的注意力吸引回来了，又逗趣了学生，令课堂教学精彩纷呈。

九、以调侃应对调侃

71. 被老乡所伤

有一天，在某班上化学课时，我正在讲物质的“相似相溶”规律。为了让这个知识点更加通俗易懂，我举例说：“相似相溶，就如俗话说的‘物以类聚，人以群分’。比如，两个性格相近的人会更容易彼此吸引，就像我们平时所说的‘老乡见老乡，两眼泪汪汪’。”

“老师，应该是‘老乡见老乡，背后放一枪’吧。”一位男生冷不防地当众插嘴调侃起来，其他学生则小声地笑了起来。

“哦，这位同学，这难道是你的亲身经历吗？若是这样，你的老乡也太狠了，你也太受伤啦，但莫因此一蹶不振哪。不如现在就从好好学习化学开始，重新振作吧。”我看着那位男生，也跟着调侃道。

全班同学哈哈大笑。那位男生也一边点头，一边跟着笑。

笑声过后，精彩课堂继续。

锡言锡语

本案例中，教师运用了以调侃应对调侃的幽默工具。

面对学生的调侃逗趣，教师没有采取传统的批评教育的方式，而是出人意料地采用以调侃应对调侃的方式，调侃受伤的学生“莫因此一蹶不振”，要“重新振作”。教师幽默诙谐的调侃既回应了学生的调侃，又激发了学生的学习热情。

72. 废物利用

“配制 950 毫升一定浓度的氯化钠溶液，我们应该怎样操作呢？”一节化学课上，我看着学生提问道。

“应该先选择 1000 毫升的容量瓶进行配制，然后再倒出 50 毫升。”有位学生回答。

“为什么要这样操作呢？”我继续问道。

“因为实验室里没有 950 毫升规格的容量瓶。”那位学生继续回答。他的答案完全正确。

“哦，倒出 50 毫升？那岂不是太可惜了！浪费呀！”这时，一位男生突然打趣地调侃起来。

“有道理，是可惜了。我们可以拿回家炒菜嘛，废物利用呢。大家觉得好吗？”我微笑着调侃道。

“好。”学生笑着回答。

“听起来是很好，但是要注意，我们在实验室里用来做实验的实验级氯化钠，是不能食用的，只有商场或超市里卖的食品级的氯化钠才能食用哦。”我解释道。

听着我的解说，学生的表情由嬉笑逐渐变得严肃起来，他们纷纷点头。精彩课堂继续。

锡言锡语

本案例中，教师运用了以调侃应对调侃的幽默工具。

学生调侃："倒出50毫升？那岂不是太可惜了！"教师接着调侃"可以拿回家炒菜嘛"，然后教师在学生的笑声中解释化学知识，让课堂变得妙趣横生。

73. 想制毒气的男生

一节化学课上，我们在学习如何用四氯化碳萃取碘水中的碘。

我们先学习一些四氯化碳的理论知识：四氯化碳曾被用作灭火剂，但因为其在高温下会和水发生反应生成有毒气体，所以现在已被禁止用作灭火剂。

"明天我们到实验室做用四氯化碳萃取碘水中的碘的实验。"我提前告诉学生。

"好哇，那我到时候就带一些开水过去，看看四氯化碳是否真的会在高温下和水发生反应并生成有毒气体。"一位男生接过我的话题，笑着调侃道。

"这位同学的主意不错嘛，你挺有探究精神的，不过你可要记得提前提醒我们戴好防毒面具呀。哦，你最好事先也为我们每人准备好一双跑鞋。如此，毒气来了，大家可以溜得更快一点儿。"我微笑地看着那位男生调侃道。

学生哈哈大笑，那位男生也开心地跟着笑。

笑声过后，课堂继续。

锡言锡语

本案例中，教师运用了以调侃应对调侃的幽默工具。

学生调侃要制造毒气，教师便调侃要做好逃命的准备。教师既幽默地回应了学生的调侃，又让学生明白了实验安全的重要性。

74. 买保险

一节化学课上，我正在教室里演示钠和水反应的实验。

在实物投影仪的平台上面，我切了一块绿豆大小的金属钠，准备将其投到旁边盛着水的烧杯中。

“老师，您太吝啬了，那金属钠切得太小了，能换一块大一点儿的吗？”一位学生用调侃的语气，试探着向我“抗议”道。

“可以呀，但这台投影仪还没有买保险呢。等买了保险后，我再切一块更大一点儿的钠。到时就算爆炸了，也有赔偿呀。”

学生不禁莞尔一笑。

安全教育过后，实验继续。

锡言锡语

本案例中，教师运用了以调侃应对调侃的幽默工具。

学生调侃要用大块的金属钠做实验，教师则接招调侃要先买好保险。教师既幽默地回应了学生的调侃，又让学生明白了实验安全的重要性。

75. 绿箭

有一天，我们在课堂上学习苯环的结构。

“研究表明，苯环的六个碳原子之间的键既不是单键，也不是双键，那究竟是一种什么键呢？”实验过后，我提问道。

“是绿箭（键）。”一位男生突然调侃道。

“绿箭？请问这位同学，你是绿箭牌口香糖的代言人吗？哦，大明星啊，欢迎欢迎。苯环中的碳碳键是介于单键和双键之间的独特的键，我们通常将苯的这种键型称为大 π 键。请你为我们的大 π 键代言，好吗？”我看着那位男生，也调侃道。

顿时，学生笑得合不拢嘴。那位男生也跟着哈哈大笑。

锡言锡语

本案例中，教师运用了以调侃应对调侃的幽默工具。

学生调侃“绿箭”，教师以“绿箭牌口香糖的代言人”回应调侃。教师在解释了教学内容后，再以“请你为我们的大 π 键代言，好吗”继续调侃，既深化了课堂知识，又激活了课堂气氛。

76. 想吃青草的男生

有一天，我在某班级上“化学与生活”（一门课程）。

“如果我患有低血糖，那我是不是也可以吃富含纤维素的青草呢？”在学过纤维素可以水解为葡萄糖的知识后，一位男生突然以调侃的语气，举手提问道。

吃青草？其他学生看着那位男生，都笑翻了。

“这位同学的想法不错呢。遗憾的是，大自然早就做了规定，人类不能和牛、羊、马等动物争抢食物，所以大自然设定了人体内没有能使纤维素水解为葡萄糖的酶，而牛、羊、马等食草动物体内则有这种酶。”我看着大家解释道。

“当然，如果这位同学不甘心的话，也可以考虑向上天申诉，看看上天是否答应在你体内也投放这种酶。”我看着那位男生，调侃道。

全班同学大笑。那位男生也乐得合不拢嘴。

锡言锡语

本案例中，教师运用了以调侃应对调侃的幽默工具。

针对学生想吃青草的提问，教师进行解释后调侃学生可以考虑向上天申诉。教师在逗趣学生的同时，让课堂气氛再次活跃起来。

77. 看皂见油

“油脂在碱性条件下的水解反应又称为皂化反应。在工业中，人们常用此反应来制造肥皂。”一节化学课上，我们正在学习新内容。

“哦，怪不得我家肥皂那么油腻，原来它是用油脂做的，如果哪次炒菜没花生油了，我就用它来代替啦。”这时，一位男生冷不防地插嘴调侃道。

其他学生则笑了起来，都看着我，期盼着我的“官方”回应。看来，他们对于肥皂能否食用还是挺感兴趣的。

“哦，这位同学的想法挺有创意呀。但是，我们一定要清楚，肥皂和花生油是两种完全不同的物质，肥皂是绝对不可食用的。”我看着学生解释道。

“哦，明白。”学生纷纷点头。

“当然，如果你已经很多天没有吃油脂了，浑身乏力，并且实在无法忍受之前的生活了，那么你不妨拿出一块肥皂，放在面前端详一会儿，也许就会和画饼充饥、望梅止渴一样，达到看皂见油的效果哦。”这时，我看着学生调侃道。

全班同学大笑，课堂继续。

锡言锡语

本案例中，教师运用了以调侃应对调侃的幽默工具。

学生调侃提问炒菜可否用肥皂，教师进行解释后调侃学生，在饥饿难耐时，可以采取“看皂见油”的方式来缓解饥饿问题。教师在逗趣学生的同时，让学生对课堂知识有了更深刻的印象。

78. 程咬金的三板斧

“平衡常数的计算可以使用程咬金的三板斧进行。”课堂上，我向学生介绍道。

“程咬金的三板斧？”学生一下子就乐了起来。

“第一板斧是起始浓度，第二板斧是转化浓度，第三板斧是平衡浓度。”我一边解释，一边板书。

“只要我们使用好这三板斧，平衡常数的计算就一定可以拿满分。”我看着学生鼓励道。

“老师，既然这三板斧如此厉害，那拿满分后我还能得到加分吗？”此时，一位男生突然看着我，笑着插嘴调侃道。

周围的学生小声地笑了起来。

“哦，可以呀，你只要在答案下面写上‘俺乃程咬金的真正传人’就行。”我看着那位男生，微笑着回应道。

全班同学哈哈大笑。那位男生也跟着开心地笑。

锡言锡语

本案例中，教师运用了以调侃应对调侃的幽默工具。

面对学生“企图”利用程咬金的三板斧得到加分的调侃，教师巧妙地以一个幽默的调侃“在答案下面写上‘俺乃程咬金的真正传人’就行”进行回应，不但展现了教师的幽默机智，还进一步激发了学生的学习热情。

79. 锡哥出品，必属佳品

“氢原子和氯原子一样，它们的最外层都需要一个电子才可达到稳定结构。但是，当它们彼此相遇时，都不肯把电子给对方，此时该怎样办呢？”化学课上，我们正在学习共价键，我看着学生提问道。

“那就互相抢啊，抢不赢就搬救兵呗。”这时，一位男生站起来如此回答。听到如此应答，其他学生不约而同地笑起来。

“这位同学的思路有一定道理，但是，这是否是最优处理方式呢？例如，这位同学有一块橡皮擦却缺一支铅笔，而他的同桌有一支铅笔却缺一块橡皮擦。为了同时拥有这两样东西，难道他们就只能为此争个头破血流，甚至你死我活吗？这也太悲催了吧。请问这位同学，你愿意这样吗？”我看着那位男生，缓缓提问道。

“我才不愿意呢。”男生看着我，非常肯定地回答道。

“对呀，最优的处理方式应该是你拿出你的橡皮擦，你的同桌拿出他的铅笔，把它们放在你们中间，彼此共用啊！”我看着男生引导道。

“是呀，是呀。”男生频频点头。

“所以，大家认为氢原子和氯原子会怎样处理它们的电子？”我看着大家，继续提问。

“各拿出自己的一个电子，彼此共用。”学生齐声回答。

“大家回答得非常棒。希望以后大家都能记住，在这个世界上，除了有‘两强相遇勇者胜’外，更有‘合作共赢人人胜’啊。哦，你们还需要记住，这句‘合作共赢人人胜’是我首创的，以后你们引用时可要记得说明‘锡哥出品，必属佳品’哦。”为了让学生印象深刻，我看着学生，调侃道。

学生大笑，课堂继续。

锡言锡语

本案例中，教师运用了以调侃应对调侃＋自夸＋套用的幽默工具。

在课堂上，面对学生的调侃“那就互相抢啊，抢不赢就搬救兵呗”，教师耐心解释后，套用电影经典台词“邵氏出品，必属佳品”，以一个自夸式的调侃“锡哥出品，必属佳品”来回应，既逗趣了学生，又让学生对课堂学习的内容印象更加深刻。

十、拟人化

80. 双剑合璧

“同学们，大家一定要注意，乙酸不能使酸性高锰酸钾溶液褪色，但是乙二酸可以。”一节化学课上，我在讲解习题时提醒学生。

“老师，它们都含有羧基，为何乙二酸能，但乙酸却不能呢？”下面有学生积极提问。

“非常好的问题。因为乙酸只有一个羧基，而乙二酸则由两个羧基直接相连而成。两个羧基的相互作用，使得乙二酸的活泼性增强，从而具有较强的还原性，因此可以使酸性高锰酸钾溶液褪色。”我看着学生解释道。

学生纷纷点头表示明白。

“但是我过几天又忘记了，怎么办？”这时，突然有一位男生调侃起自己的差记性来。

“哦，那不妨试试这样理解。话说这位同学，你一直梦想成为一名武林高手。当你只有一把剑的时候，你就像只有一个羧基的乙酸，总是无法打败高锰酸钾这位对手。但是，某天你突然拥有了两把剑，你就像有两个羧基的乙二酸，你将双剑合璧，便威力大增，甚至天下无敌，于是不费吹灰之力就打败了高锰酸钾。”我看着那位男生，用幽默的方式回应道。

听着我生动有趣的解说，那位男生非常满意地笑着点头。其他学生也笑着鼓掌。

锡言锡语

本案例中，教师运用了拟人化的幽默工具。

教师把乙酸比拟为只有一把剑的武林人士，把乙二酸比拟为拥有两把剑且双剑合璧的武林高手，对两种化学物质进行全新解读，让学生在愉快的氛围中对化学知识有了更深刻的理解。

81. 师父、徒弟和师公

一节化学课上，我们在学习苯酚的化学性质。

“话说很久以前，有师徒两人，徒弟叫羟基，师父叫乙基，他们师徒联手，一度醉倒了许多人，包括诗仙李白，谁都逃不过他们的醇香，他们就是……”

“乙醇！”学生笑着，响亮地齐声回答。

“但是，有一天，他们遇到了同属有机物大家族的乙酸，羟基发现乙酸居然可以电离出氢离子而具有酸性，于是对师父说：‘师父，我也想电离出氢离子具有酸性。’师父回答：‘徒儿，为师功力有限，无法满足你的愿望。你可以去找你的师公，他功力深厚，或许可以让你梦想成真。你师公江湖人称苯基，他住在黄山之巅，你现在就可以启程去找他。’于是，羟基风雨兼程，千里跋涉，终于找到了他的师公苯基，他们师公徒孙一联手，在师公苯基的调教下，羟基终于可以电离出氢离子而具有酸性了，从此江湖上就出现了一种新的有机物，他们就是……”

“苯酚！”学生继续笑着，响亮回答。

“因为能电离出氢离子而具有酸性，所以江湖上他们又被称为……”

“石炭酸！”学生开心地齐声回答。

“好，我们马上来学习苯酚的酸性……”接下来，在愉快的气氛中，学生开始了专业的学习之旅。

“在徒孙羟基青春活力的影响下，已经年迈的师公苯基焕发了第二春。苯基上的邻对位氢原子马上被激活，于是，苯酚就可以很容易地发生一类反应，这类反应就是……”

“取代反应！”学生继续开心地齐声回答。

在愉悦的气氛中，专业的化学学习之旅继续进行。

锡言锡语

本案例中，教师运用了拟人化的幽默工具。

教师对枯燥的化学知识进行拟人化处理，采取讲故事的方式，让化学知识变得形象生动、趣味无穷，让学生在愉快的氛围中轻松地学习并掌握课堂知识。

82. 金童和玉女

一节化学课上，我带领学生复习卤代烃的消去反应，以及醇的消去、催化氧化反应。复习完后，为了让学生印象深刻，我特意将这些内容编成故事，然后投影出来，让学生一起朗读：

在卤代烃中住着金童和玉女，
卤素原子为金童，
相邻碳上氢原子为玉女。
当遇强碱、醇及加热时，
金童玉女牵手走进教堂变成幸福的氢卤酸，
氢卤酸后来再和强碱中和。
在醇中也住着金童和玉女，
羟基为金童，
相邻碳上氢原子为玉女。
当遇浓硫酸加热时，
金童玉女牵手走进教堂变成幸福的水。
在醇中住着玉女，
羟基上的氢原子为玉女，
同碳上氢原子也为玉女。
当遇氧气、铜（银）加热时，
两个闺蜜一起牵手去购物，一起买了氧原子，齐齐抱氧化身水。

碳碳、碳氧说，你们都离开啦，我们怎么办？唯有变身双键求生存。

看着投影出来的故事，学生都哈哈大笑起来，有的学生甚至笑出了眼泪。

待学生情绪平和之后，我让全班同学再一起朗读一次。学生面带微笑，大声朗读，热情高涨，学习激情再次被点燃。

锡言锡语

本案例中，教师运用了拟人化的幽默工具。

教师对枯燥的化学知识进行拟人化处理，采取讲故事的方式，让化学知识变得形象生动、趣味无穷，让学生在愉快的氛围中轻松地学习并掌握课堂知识。

83. 在一起的权利

一节化学课上，我们在学习过氧化钠。

“大家认为一个过氧化钠含有几个离子？”我问道。

“四个，两个钠离子和两个氧离子。”有个学生抢着回答。

“哦，说两个氧离子是错误的，因为那两个氧原子是通过共价键结合在一起的。既然两个氧原子是如此的相亲相爱，那么我们不可以把它们拆成两个氧离子，它们应该合在一起形成一个过氧根离子哦。”我看着学生纠正道。

“好，现在请大家跟着我一起向过氧根离子承诺。今天，我们向你们保证：‘我们绝不把你们拆散，我们会永远尊重你们两个在一起的权利。’”为了让学生印象深刻，我用调侃的语气向学生发起了倡议。

面对这突如其来的一幕，学生都被逗乐了，他们马上笑着大声地跟读起来。

锡言锡语

本案例中，教师运用了拟人化的幽默工具。

为了让学生对课堂知识印象深刻，教师对过氧根离子进行了拟人化处理，还倡议学生向它们保证，以后绝不拆散它们。教师如此幽默的处理方式，让课堂教学更有趣，学生的学习变轻松。

84. 积极来电

“二氧化硫之所以可以使碘水褪色，是因为碘单质可以氧化二氧化硫。”课堂上，我正在解释一道化学题。

“老师，您之前不是讲过碘单质的氧化性比较弱吗？它怎么可以氧化二氧化硫呢？”一位学生突然举手质疑道。

“对呀，碘单质的氧化性的确比较弱，但二氧化硫的还原性实在是太强了。所以，当它们相遇时，还是发生了反应。它们就好像一对正在相亲的男女，虽然男方碘单质不够积极，但是女方二氧化硫很积极呀，所以彼此之间还是来电了。”我不慌不忙地解释道。

那位学生满意地笑了起来，其他学生也哈哈大笑。

锡言锡语

本案例中，教师运用了拟人化的幽默工具。

教师把化学物质拟人化为一对正在相亲的男女，在逗趣学生的同时，也加深了学生对化学知识的理解。

85. 阴阳失调

课堂上，我正在演示原电池实验。

“同学们，在原电池中，盐桥的作用是什么呢？当我把盐桥拿开时，为何就没有电流了呢？”我一边演示，一边提问。

“盐桥的作用就是分别向两极补充阴阳离子，拿开盐桥没有电流是因为阴阳失调了。”一位男生满怀自信地大声回答。

“阴阳失调？”如此奇葩的回答引来了学生的一阵大笑。

“专业的解释应该是，拿开盐桥会导致无法形成导电回路，两个半电池的溶液无法保持电中性。不过这位同学的阴阳失调论的确也挺有意思，原电池装置就像一个人一样，若身体出现如中医所谓的‘阴阳失调’，就会生病而没有电流，盐桥就像保持阴阳平衡的药方哦。愿同学们平时都能养成良好的生活习惯，永远都不出现阴阳失调问题，好吗？”我看着学生，以调侃的语气回应道。

“好！”学生笑着齐声回答。

锡言锡语

本案例中，教师运用了顺水推舟 + 拟人化的幽默工具。

面对学生的“阴阳失调”论，教师先进行专业解释，然后顺着学生的思路，用拟人化的手法对学生的回答进行了幽默形象的拓展，既肯定、激励了学生的大胆思考，又让学生对课堂教学内容印象深刻。

86. 梦中情人

一节化学课上，我们在学习有机物的命名。

我请两位学生来到黑板前为丁二酸的结构简式命名。

结果他们不约而同地写成了乙二酸，我走到其他学生身边查看，发现很多学生居然也写成了乙二酸。

“同学们，今天我终于知道大家的梦中情人都是谁了。”我看着学生突然说道。

学生都惊讶地看向我。

“原来大家的梦中情人就是乙二酸哪，否则大家怎么会如此一致地把丁二酸错误地写成乙二酸呢。”我看着学生，不慌不忙地解释道。

哦，原来是这样，学生领悟过后，都情不自禁地哈哈大笑起来。

接下来，学生继续全神贯注地倾听我的解释。

锡言锡语

本案例中，教师运用了自圆其说 + 拟人化的幽默工具。

面对大部分学生都犯下的同一个错误，教师没有对他们进行直接的严厉批评，而是幽默地为他们的错误寻找自圆其说的拟人化解释：因为乙二酸是学生的梦中情人。如此诙谐的处理既让学生感受到教师的风趣，又让他们对自己的错误有了更深刻的印象。

87. 化学世界里的四类人

高三第一轮化学复习结束后，为了让学生对之前复习的内容有更深刻的印象，我决定采取讲故事的方式进行巩固，让学生在欢声笑语中畅游于化学知识的海洋。

“在化学世界里住着四类人，它们分别是男人、女人、不男不女的人（学生大笑）、佛系人。

一般来说，当男人遇到女人时，它们之间就会产生爱情的火花，发生激烈的化学反应，就像金属钠遇到水一样，它们相爱的步伐谁也拦不住。（学生大笑）

那什么是不男不女的人呢？氧化铝就是这类人，它不但能和酸反应，还能和强碱反应，是典型的两面派，虽然它们被美其名曰‘两性氧化物’，其实就是不男不女的人。（学生大笑）

什么是佛系人？就是指那些最外层电子数已经达到稳定结构的物质，例如稀有气体分子，它们信奉的是‘我孤独我存在，百年孤独更精彩’，所以它们都是单原子分子，绝对的单身狗。（学生大笑）

化学世界的男人、女人、不男不女的人，它们又是通过何种方式反应的呢？其中常见的有两种方式。第一种为通过赠送礼物在一起，甲方把一份礼物赠送给乙方，乙方接受了，然后它们就在一起了，这就是所谓的氧化还原反应，该礼物就是所谓的电子。另一种则是通过手牵手在一起，例如，当铁离子遇上氢氧根离子时，它们就会手牵手在一起，组成一个稳定幸福的氢氧化铁大家庭。”（学生大笑）

…………

整节复习课，学生都被欢声笑语包围着。

锡言锡语

本案例中，教师运用了拟人化的幽默工具。

教师把化学世界里的微粒拟人化，通过生动形象的讲故事的方式，让原本枯燥的学习瞬间变得幽默，极大地激发了学生的学习热情，让课堂教学燃了起来。

第三辑

激励学生的幽默智慧

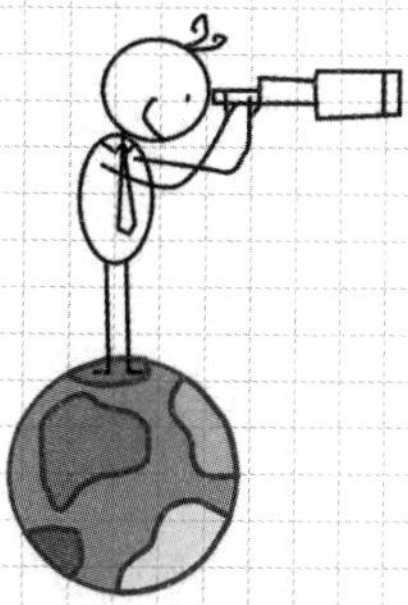

激励是教师引导学生积极向上的重要手段之一。教师需要经常激励学生，但是教师常用的激励方法往往存在一定缺陷。

例如评比激励。很多教师热衷于对学生进行排名评比，如按照考试成绩、德育分数排名等进行评比。此举也许会激励排名靠前的学生继续保持优秀，但同时也许会打击排名靠后的学生的积极性。当一些学生的表现总是落后时，评比激励就有可能导致他们破罐子破摔。而且，评比激励也很可能会给优秀学生施加无形的压力，当压力过大以致无法承受时，他们就极有可能采取消极的态度来应对学习，从而产生厌学心理。

又如表扬激励。教师对学生的恰到好处、中肯的表扬，的确会让学生精神振奋，极大地激发学生的潜能。但是，如果表扬的语言过于简单化、表面化，表扬的内容总是一成不变，总是用“棒、棒、棒，你真棒；强、强、强，你最强”等学生早就听得耳朵起茧的表扬语，那么学生难免会厌烦，甚至还会患上“表扬中毒症”。

再如励志语言激励。有些教师经常会引用一些名言警句对学生进行激励教育，有不少学生也的确会从中找到前进的动力，但我们要清楚，一些励志语其实是有误导性的。如很多教师喜欢用“吃得苦中苦，方为人上人”“只要能吃苦，黄土变成金”等励志语来激励学生刻苦学习，但是细想就会发现其中有不妥之处。为了不确定的未来而牺牲现在的身体健康真的值得吗？难道高质量地活在当下就不重要吗？难道学习就不能成为一件快乐的事情吗？一些老旧的励志语分明是在催眠学生“学习乃苦海无边”，甚至为学生以后的厌学埋下伏笔。又如那句“提高一分，干掉千人”，难道考试考高分就是为了把竞争对手干掉吗？真是细思极恐。

为了解决以上问题，我在教育实践中尝试对激励学生的方式进行创新，努力对学生进行幽默式的激励。事实证明，运用激励学生的幽默智慧可以营造诙谐有趣的氛围，不但会让学生耳目一新，而且会激发学生自主学习的热情。

一、自嘲

88. 超出理解范围

“老师，这道题我不会做，你能为我解答一下吗？”一个课间，一位男生走过来，拿着一本他自己买的辅导书，指着其中的一道题目向我请教。

“好的，我看看。”我接过辅导书，仔细地看了起来。

这道题的阅读量挺大的，且难度比较高，看完题目后，我一时竟理不出解题思路。我又把题目快速浏览一遍，解题思路依然不够清晰。气氛马上变得有点尴尬。

“这道化学题目真有趣，好像已经超出了我的语文理解范围。我要回去再补补语文知识，然后再找你讨论，好吗？”因为课间短暂，马上就要上下一节课了，为了不耽误学生上课，我看着那位男生，自我调侃地建议道。

“好的，那辛苦老师了。”男生满意地笑着回答。

于是，我拿着那本辅导书回到办公室继续研究。学生则回到教室。

后来，我终于彻底读懂题意并顺利解答出来。随后，我找到那位男生，给予他满意的解答。

锡言锡语

本案例中，教师运用了自嘲的幽默工具。

在教学上，教师应以积极的心态看待自己的短板。教师也不是无所不能的，也会遇到一时无法解答的题目。这时，教师不妨大胆承认，并且用积极的语言去描述和表达，可能会产生自嘲的笑点。自嘲的出发点是嘲，但是落脚点一般是激励。

案例中教师表面上是在嘲笑自己的理解能力，实际上则是向学生大胆承认自己一时也无法解答，还需要回去思考思考。教师如此解释是为了让学生明白：原来这道题那么难，我现在做不出来也是很正常的，我不必为此而自卑。从而激励学生继续探索研究。同时，对教师来说，也是在激励自己回去再好好研究，争取给出学生满意的解答。

总之，教师面对自己无法改变的困境时，要敢于自嘲，这在学生眼中是教师乐观、自信的表现。

89. 10 次

“老师，这道方程式很难记呀，我都抄写几次了，还记不住。”一天，我们在学习一条比较难的化学反应，我让学生当堂抄写默记方程式，一位男生冷不防地向我小声抱怨道。

“记得当年我读高中时，我发现要熟练写出这条方程式其实很容易，那时我只不过抄写了 10 次而已。”我看着那位男生，自我调侃道。

听到我居然这样自曝当年的“不堪往事”，那位男生及其他学生都笑了起来，然后继续认真抄写默记。

锡言锡语

本案例中，教师运用了自嘲的幽默工具。

当教师遭遇学生的挑战时，教师若能用形象化、具体化的手法表达自嘲，则可以让学生更好地理解教师的感受。

案例中，教师通过具体的数字“10”的自嘲，向学生非常形象地描述了熟悉方程式需要多写多记的重要性，让学生深刻明白熟能生巧的道理。这也属于结伴自嘲，学生自嘲的素材“抄写几次了，还记不住”刚好也是教师的自嘲素材“那时我只不过抄写了 10 次而已”，此时教师也加入了自嘲，把自嘲的球又投给了学生，激励学生要向教师学习，多写多记，从而达到奇妙的幽默效果。

90. 为师的“道歉”

一节化学课上，我在讲解完一道学生很容易做错的题目后，马上出了另一道类似的题目，然后让女生小敏把自己的答案写在黑板上。

结果呢，小敏做错了。

“今天，我要向小敏同学道歉。”我先看看小敏，然后看向全班学生说道。

此时，学生都丈二和尚摸不着头脑，一脸疑惑地看着我。

“因为小敏同学完全被我刚才讲解那道题目的思路误导了，结果她以为现在做的这道题和我刚才讲解的那道题完全是同一个类型的。所以，小敏同学在我的‘误导’下完完全全、彻彻底底地做错了。她的经典错误都是我一手造成的，难道我不应该向她‘道歉’吗？”为了替小敏解围，同时也为了让学生对这个知识点有更深刻的印象，我看着学生自嘲地调侃道。

这时，小敏及其他学生恍然大悟，都纷纷笑起来。

接下来，学生专心致志地听我讲解题目。

锡言锡语

本案例中，教师运用了自嘲的幽默工具。

在学生做错题目后，教师通过自嘲为学生的错误解围，既逗趣了学生，又激励了学生。

91. 三人行，必有我师

经过多次鼓励动员，学生课前读书的表现越来越好了。一天上课前，我来到班上，看到学生的读书热情异常高涨，我倍感欣慰。上课后，我决定对学生进行一番幽默式的表扬。

“今天，大家读得真好，不但书声朗朗，而且普通话发音也非常标准。听着你们的朗读，我的普通话水平也得到了提升哦。俗话说得好，‘三人行，必有我师’，你们就是我的普通话老师呀。谢谢你们，让我有机会令自己的普通话水平从此不再那么普通。”我看着学生，微笑地表示感激。

听我居然如此表扬，学生乐得哈哈大笑起来。

此后，学生课前读书的热情更加高涨了。

锡言锡语

本案例中，教师运用了自嘲的幽默工具。

教师通过自嘲自己的普通话水平太差，感谢学生精彩的课前读书为自己带来提升普通话水平的机会，让学生看到教师的幽默、可爱及好学精神。教师在逗趣学生的同时，极大地激发了学生课前读书的热情。

92. 变废为宝

小青是班上一位学习基础比较薄弱的女生。

近来，我们正在学习有机物这个章节，小青学起来感到比较吃力。

课间，小青专门来到办公室向我请教一道有关有机物的习题。

“老师，有机物这个章节太难了。在有机物面前，我感觉自己就是一个废物！”小青在我面前无奈地自嘲道。

“废物？哦，为师当年刚刚学习有机物时也曾有过这样的无力感呢，但经过一番努力后，为师最终还是让自己变废为宝，成为宝物啦。你有信心像我一样乘风破浪、实现逆转吗？”我看着小青，微笑着鼓励道。

“有！”小青看着我莞尔一笑，然后认真听我讲解分析。

后来，小青在我的不断鼓励及自身努力下，终于夯实了基础知识。

锡言锡语

本案例中，教师运用了自嘲的幽默工具。

学生因为自卑而自嘲为“废物”，教师则自嘲也曾有过此感受，以表达对学生的理解，引发学生共鸣。同时，教师通过一句幽默的“变废为宝”，给学生积极的鼓励。

二、顺水推舟

93. 难得糊涂

一节化学课上，学生正把我投影出来的实验步骤抄写到课本上。

之后，我继续投影实验现象。

这时，突然有一位男生惊叫：“我真糊涂哇。”原来他把实验步骤抄到实验现象那一栏去了。

“没问题，注明一下就行了。继续写吧。人生，有时候还真是难得糊涂呢，只要注意不是‘百年糊涂’（一种白酒的名称）就行了。”我调侃着，回应这意外的一幕。

那位男生掩口而笑。其他学生也跟着笑。

笑声过后，大家继续抄写。

锡言锡语

本案例中，教师运用了顺水推舟的幽默工具。

对于正在成长中的孩子，偶尔犯错实属正常，教师不必苛刻对待，不妨以一颗宽容之心，幽默导之。

案例中，学生埋怨自己“真糊涂”，教师则顺着学生的思维，提出“难得糊涂”一说。教师诙谐的回应既表达了对学生的理解，也起到了很好的激励作用。

94. 凉了，热了

一次月考后的第二天，我把化学试卷答案投影出来让学生核对。

“啊，凉了，这次考试真的凉啦。”突然，男生小威看着答案，小声惊叫起来。这是一位性格外向、喜欢搞怪的男生。对于他突然的惊呼，我是理解的。但这毕竟打破了教室的安静，其他学生纷纷扭头看向他。

“这次凉了没有关系，心不要凉就行了。总结经验，继续努力，争取下次月考把它热——起来，好吗？”我没有批评小威，而是微笑地看着他，给予他调侃式的鼓励，同时把“热”字的发音特意拉长。

看我竟然如此回应，小威笑了。其他学生也纷纷跟着笑起来。

一个月后，月考继续，之后第二天继续核对答案。

“小威同学，请问你这次化学考试热起来了吗？”这次，我看着小威，主动调侃道。

“哦，哦，这次热起来啦。”面对我冷不防的提问，小威站起来，在明白了是怎么回事儿后，连声回答道。

“很好，希望你继续努力，争取下次继续让自己的化学成绩热起来。同时，我也希望全班同学都能像小威一样，凭着自身的努力，让自己的成绩热起来，好吗？”我看着全班学生鼓励道。

“好！”学生纷纷笑着回应，然后继续精神抖擞地投入课堂。

锡言锡语

本案例中，教师运用了顺水推舟的幽默工具。

学生惊呼自己的考试成绩“凉了”，教师则顺着学生的想法，提出“争取下次月考把它热——起来”。教师诙谐的回应既表达了对学生的理解，也对学生进行了很好的激励教育。

95. 油腻大叔

“为了充分利用资源，变废为宝，我们在回收废铁屑时，常常用热的碳酸钠溶液清洗，以去除其表面的油污。”一节化学课上，我向学生解释道。

“那些废铁屑为什么会有油污呢？”有的学生不禁提问。

“因为工人在切削废铁得到这些铁屑的过程中，为了提高工作效率，用到了一种含脂肪的切削液，铁屑上的油污就是那些残留的切削液。”我看着学生，耐心地继续解释。

“哦，那些进行切削的工人岂不变成油腻大叔（带讽刺意味的网络流行语）了？”我话音刚落，班上经常喜欢开玩笑的男生小李突然插嘴道。其他学生笑着望向我，等待着我的回应。

“是呀，切削工人们其实也挺无奈的，难道他们喜欢变成油腻大叔吗？没法子呀，在没有更好的技术之前，只能这样处理了。我倒是非常希望小李同学以后能钻研这方面的课题，发明一种新的技术，让工人们不再使用切削液。让他们工作时也可以像现在的小李同学一样，一样的风度翩翩，一样的玉树临风，一样的英俊潇洒。小李同学，请问你愿意朝这个方向努力吗？”我看着小李，认真地跟他探讨道。

“好，好。”小李笑着回应。其他学生也跟着笑，然后鼓掌。

掌声过后，课堂继续。

锡言锡语

本案例中，教师运用了顺水推舟的幽默工具。

学生插嘴“油腻大叔”，教师则顺着学生的思路，希望学生以后努力学习钻研，解决“油腻大叔”的难题。教师此举既逗趣了课堂，又有效地激励了学生。

96. 笨鸟双飞

一节化学课上，我正在讲评试卷。

“同学们，我们也许不是很聪明，但是我们可以笨鸟双飞，勤奋追赶哪。”针对部分学生因为考得比较差而灰心失望的情况，我看着学生鼓励道。

我刚说完，学生突然笑了起来。

“怎么回事儿？”我疑惑。

“老师，您说成了笨鸟双飞啦。”有个同学提醒道。

哈哈哈，怎会如此？回想起来，好像真的是呀！

“如果是一个人，那就笨鸟先飞吧。若是两个人呢，笨鸟双飞也挺好的。两人一起追赶、互相鼓励，才能飞得更高更远哦。”这时，我干脆将错就错，微笑地看着学生，继续鼓励道。

学生哈哈大笑起来。

预想不到的小插曲让课堂瞬间轻松起来。

锡言锡语

本案例中，教师运用了顺水推舟的幽默工具。

教师本来准备引用“笨鸟先飞”来激励学生，当发现口误后，巧妙地顺水推舟、将错就错，继续用“笨鸟双飞”来激励学生。教师如此幽默的处理，既逗趣了学生，又有效地激励了学生。

97. 和第一名比

“老师，我这次考试是不是差到掉渣呀？”课后，一位男生拿着56分的化学试卷找我诉苦。（那次考试的题目比较难。全年级450人，56分在全年级排121名，成绩算中上等。）

“是的，和全年级第一名比，有120名的差距。”为了表示我对他的理解，更为了让他对自己保持信心，我看着他调侃般回应道。

“好的，我会继续努力，向第一名看齐的。”听到老师如此回应，男生满意地小声笑着回答。

锡言锡语

本案例中，教师运用了顺水推舟的幽默工具。

教师平时也可利用幽默回应学生的自嘲。学生要取得好成绩，必然会经历一些成绩的起伏。当学生自嘲“差到掉渣”时，教师顺着学生考得差的思路进行回应，拿出第一名这个高标准的参照物与之进行对比，既真实地回应了学生，又宽慰了学生“这是正常现象，不必过于焦虑”，从而给予学生有效的激励。

三、自圆其说

98. 差点摔倒的女生

一节化学课上，我让两位女生在黑板上限时做题。

其中一位女生很快完成，但另一位女生则做得很慢。

“还有 3 分钟，请抓紧时间。”我提醒道。

此刻，做得慢的女生开始紧张起来，拿着粉笔匆忙书写。

“三、二、一，时间到。”我宣布做题时间结束。

那位做得慢的女生还是没有写完，但也只能放下粉笔，无奈地看了看自己的“作品”，然后扭头走向自己的座位。

也许是刚才做题太紧张、太慌乱了，那位女生在跨越讲台的台阶时，一不小心一个踉跄差点摔倒。这突如其来的情景引来其他学生的一阵惊呼，女生则显得有点尴尬。

“哈哈，这次做得不好不必过于自责，更不要以摔倒这种危险的方式来惩罚自己。你是一位认真学习的好学生。我相信经过你的不懈努力，下次再上来做题时，你一定可以旗开得胜的。加油哦！”我微笑地看着那位女生，调侃并鼓励道。

听到我居然如此化解此尴尬一幕，那位女生开心地与我对视一笑。其他学生也跟着小声笑起来。

课后，我私下找到那位女生进行了更多的交流，还特别对她进行了学习方面的辅导。后来，她每次在黑板上做题都表现得非常好。

锡言锡语

本案例中，教师运用了自圆其说的幽默工具。

教师为学生差点摔倒寻找自圆其说的理由：因自责而用摔倒来惩罚自己。以此来表扬学生学习认真，然后激励学生继续努力，争取下次做得更好。

99. 大道至简

一节化学课上，学生在做一道比较难的题目。

我提问：“完成的请举手。”

只有小东一个人把手举了起来。

我邀请他把解题过程板演到黑板上。

小东走上讲台，很快就完成了板书。

“老师，小东写得太简单了，我看不明白呀。”突然，一位男生看着小东的板书，竟然发起了牢骚。本来完成了题目，有点儿兴高采烈的小东听到这句话后，脸色一下子沉了下来，表情有点尴尬。

“小东的答案是完全正确的，正所谓‘大道至简’也。因为小东是我们班非一般的化学高手，所以他的板书也会非一般的简练哦。有的同学一下子看不明白是完全正常的，不要紧，且听我细细为大家解释清楚。相信以后凭着我们的努力，我们全班同学都会成为像小东一样的化学绝世高手的。”我看着学生，为小东解围，同时也激励着大家。

"好，我们都要努力成为化学绝世高手！"学生纷纷笑着回应。小东也开心地跟着笑。

锡言锡语

本案例中，教师运用了自圆其说的幽默工具。

当学生抱怨小东的板书太简单，看不明白时，教师巧妙地利用"大道至简"为小东做自圆其说的解释，保护了小东的自尊心，然后顺势引导学生要努力成为像小东一样的化学绝世高手。教师此举既逗趣了学生，又激励了学生。

100. 好老师要提当年勇

"老师，这节课的内容太难了，我有点理解不了哇。"一天，我带领学生学习一个化学难点知识，快下课时，有个学生小声地抱怨道。

"是的，本节课的内容的确比较难，但大家不用担心，下节课我会继续带领大家深入学习。之前你们的师兄师姐也觉得难，但后来在我的引导下，经过第二节课的学习，他们最终都非常出色地理解并掌握了这个知识点。你们也一定行的。"我看着学生鼓励道。

"老师，好汉不提当年勇哦。"有个学生突然笑着调侃道。

"对，好汉不提当年勇，但我非好汉也。我乃好老师，你们乃好学生，听说好老师在好学生面前提一提当年勇，可以让好学生更好哦。所以我必须提，我提一下，你们就更好了。"我看着学生，继续笑着鼓励道。

学生都满意地开心地笑了起来，对下一节课充满了期待。

果然，接下来的第二节课的学习效果非常好。

锡言锡语

本案例中，教师运用了自圆其说的幽默工具。

面对学生"好汉不提当年勇"的调侃，教师幽默地使用"好老师”及“好学生”的理论来自圆其说。教师此举既逗趣了学生，又为学生带来了极好的激励效果。

四、先铺垫后抖包袱

101. 更宽广的是什么

“同学们，草原宽广吗？”一节化学课上，我看着学生，突然提问道。

“宽广。”

“比草原更宽广的是什么？”我追问道。

学生一时语塞。

“比草原更宽广的是海洋，那比海洋更宽广的是什么呢？”我一边解说，一边继续提问。

“比海洋更宽广的是天空。”有个学生大声回答。

“那比天空更宽广的是什么呢？”我继续追问道。

学生再次语塞。

“比天空更宽广的是高考的考试范围。”我看着学生，笃定地说道。

此言一出，学生都哈哈大笑起来。

“所以，在接下来的几天，希望大家能把所有化学课本都看一遍，以达到查漏补缺的效果。”我语重心长地说道。

“明白！”学生纷纷点头。

“那么，比高考的考试范围更宽广的又是什么呢？”我看着学生，微笑着继续问道。

学生都好奇地看着我，目光充满期待，急切地盼望着答案。

“比高考的考试范围更宽广的就是看高考成绩时的胸怀。”我笑着说道。

答案居然是这个。学生一下就明白了我的意思，又纷纷笑了起来。

“对于高考，我觉得我们只要尽力了就行。人生最重要的应该是过程，至于结果嘛，就一切随缘吧。只要我们曾经用心奋斗过，就足矣。所以，我祝愿大家高考都能取得理想的成绩，也希望大家任何时候都拥有宽广的胸怀，任何时候都是一个幸福的人。”我看着学生，铿锵有力地鼓励道。

学生点头，然后掌声响起。

锡言锡语

本案例中，教师运用了连续抖包袱的幽默工具。

我们平时所谓的“幽默漏斗”，包含铺垫、笑点和连环笑点三个部分。具体做法是，在笑点的基础上，穷尽铺垫，制造连环笑点，形成连续抖包袱的幽默漏斗。

案例中，“比草原更宽广的是海洋，比海洋更宽广的是天空”属于铺垫内容，教师把学生的思路引向这样的思维：比天空更宽广的应该是太阳系吧。

随后，“比天空更宽广的是高考的考试范围”是教师抖的第一个笑点。接着教师来一个急转弯，把学生的思路引向“高考真不简单，考试范围是如此的广，我们还得认真复习才行”。

“比高考的考试范围更宽广的就是看高考成绩时的胸怀”属于教师抖的第二个笑点。教师在沿用之前的铺垫的基础上，继续来一个急转弯，把学生的思路引向“对于高考，只要努力奋斗了就无怨无悔”，从而激励学生重视过程，看淡结果。

102. 那 100 分的祝愿

“奋斗”“刷题”“梦想”“加油”是高三学生的主题词。

虽然高考前 50 天的誓师大会，高考前 10 天的冲刺大会，每周班会课上的鼓劲鸡汤都曾让学生情绪高涨，但他们终究会“审美”疲劳。临近高考，我发现学生的情绪有些不对劲儿，部分学生有发呆、昏昏欲睡等表现。

我看在眼里，急在心头。马上就要高考了，我该怎样做呢？我还能为学生做些什么呢？我苦苦地思索着。

高考前两天的早上，我来到教室。

“同学们，请问大家早餐都吃饱了吗？”我看着学生突然问道。

学生看着我，眼睛一下都亮了，他们都好奇我为何会问这个问题。

“吃饱了。”部分学生回答。

“还没有吃饱呢。”有部分学生用看似调侃的语气笑着回应。

“好，不管大家是否已经吃饱，我都为大家带来了一份额外的早餐。”我看着学生，故作神秘道。

额外的早餐？学生瞪大眼睛，看着我空空如也的双手，满脸疑惑。

“请大家开始选择吧。”我一边说，一边把三张照片投影出来。那是我在家里拍好的照片，它们分别是一根香肠配两个鸡蛋、一根油条配两个鸡蛋、一根香肠配两个李子，都被装在盘子里呈现出100分的图片。

“这就是我要送给你们的早餐。愿你们吃了这份早餐后，在高考中都能取得理想的、满意的成绩。”我看着学生微笑地祝愿道。

哦，原来神秘的早餐就是这个。顿时学生欢呼雀跃，都开心地笑了起来。

“老师，我要那个香肠配李子的100分，太美了。”有个女生尖叫道。

“老师，我要那个油条配鸡蛋的100分，太香了。”有个男生抢着调侃道。

“好，好，大家不要争，都有份儿。这些祝愿早餐都是锡哥早餐店特意为你们供应的，数量绝对充足。”我看着学生，笑着回应。

学生又笑了起来，接着掌声雷动。大家精神抖擞地投入复习。

“同学们，我们来玩一个句子补充游戏，好吗？”在高考前一天的早上，我来到教室，突然提问道。

“好哇！”学生充满期待。

“千山万水也阻挡不了……”我马上出题。

“千山万水也阻挡不了我明天的高考。”马上有个学生抢答。

“很好，看来你为了高考，真的是拼了。”我笑着回应。

学生都笑了起来。

“千山万水也阻挡不了我迈进中山大学的步伐。”有个学生抢答。

“哦，你的目标是如此具体，你的步伐是如此坚定，为你点赞。”我看着那个学生表扬道。

“现在，我来补充一下。”我看着学生，突然毛遂自荐。

顿时，学生齐刷刷地看着我，目光中充满期待。

“千山万水也阻挡不了我为大家带来 100 分的祝愿，锡哥早餐店今天继续为大家供应有爱的祝愿早餐。”我看着学生，真诚地微笑道，然后马上把昨天的照片再次投影出来。

学生们再次乐开了怀，都笑了起来，掌声再次响起来。

“老师，您能在这件衣服上给我写一个 100 分祝愿的留言吗？”

“老师，您在这个本子上为我留下 100 分的祝愿吧，好吗？”

高考前一天的晚上，学生纷纷找我签名留言，都不约而同地提到了那 100 分的祝愿。

高考当天，我目送学生走向考场。他们和我道别时，纷纷在空中画了一个 100 分的图案，其他老师看得莫名其妙。噢，那是属于我和学生的美好秘密呢。

相信学生带着我那 100 分的祝愿走进考场，都会取得理想的成绩。

锡言锡语

本案例中，教师运用了先铺垫后抖包袱的幽默工具。

幽默需要宽容与启迪。幽默的人总是与宽容为伍。只有海纳百川、胸怀广阔的人，才具备拥有快乐的能力。教师要做到宽容，就要学会不抱怨，学会接纳眼前的一切，主动接受，适应环境，让师生关系更和谐。幽默应该以启迪为根本。例如，临近期末考试，为了鼓励学生好好复习，如果教师对学生说："一定要努力复习，否则考完试就只能带一个鸭蛋回家。"如此的搞笑话语，对学生不但没有启迪性，还极有可能让学生产生抵触及厌学的情绪。

案例中，第一次教师以提问学生是否吃饱早餐作铺垫，然后抖出包袱：送给学生100分的祝愿。第二次以玩句子补充游戏作铺垫，然后再次抖出送给学生100分祝愿的包袱。学生不但能感受到教师的幽默及良苦用心，还能从中得到极大的激励和鼓舞，因为这样的幽默富有启迪和教育意义。

五、谐音

103. 教师与将军

记得有一年新生入学，第一次和学生见面时，我是这样在学生面前幽默地介绍自己的。

"各位同学，大家好，我叫陈锡。陈是著名将军陈锡联的陈，锡是著名将军陈锡联的锡。因为陈锡联是著名将军，所以我也不敢怠慢。陈锡老师将会以陈锡联将军为榜样，努力工作，积极进取，虽然做不了著名的将军，但一定要争取做一位著名的教师。"

听着我幽默而振奋人心的自我介绍，学生都开心地笑着为我鼓掌。

"另外，我的名字和'晨曦'同音（我一边说，一边在黑板上板书），所以，我也是一个初升的太阳，是专门来这里照耀大家的。"我看着学生，微笑着进一步做自我介绍。

学生再次开怀大笑，热烈鼓掌。

锡言锡语

本案例中，教师运用了名人关联+谐音的幽默工具。

教师如何才能在学生面前进行幽默的自我介绍？教师可以从谐音、关联名人、关联名言等三个方面，让自己的名字变得好笑又好记。案例中，教师对自己的名字进行了名人关联及谐音，既幽默又起到了非常好的激励作用。

名人关联的方法，与谐音相比，应用更加广泛。因为大部分人的名字拆分后，都能和名人联系上。

如果你的名字被包含在一些名言中，直接关联名言，那么为名字加分的效果也会很显著。

104. 小心再小心

有一天，我布置的化学作业虽然简单，但很多学生因粗心大意依然做错不少。在批改作业的时候，我发现班上的晓欣（普通话和“小心”同音）居然把一些典型错误都犯了个遍。为了让学生对这次作业中暴露的问题印象深刻，我在征得晓欣的同意后，在第二天的作业讲解中，特别做了以下处理。

“同学们，这次作业大家做得太粗心了，很多地方都被坑了呢。做这类题目一定要非常小心才行，现在请我们班平时做作业很小心的晓欣同学把作业拿上来，我们一起来看看她这次是否做得足够小心，好吗？”听到我这样说，学生都笑了起来，晓欣快速把作业本递了上来。

我把晓欣的作业投影出来，针对她的几个典型错误进行了讲解。

“现在，大家都明白了吧？”讲解完后，我看着学生问道。

“明白啦。”学生纷纷点头回答。

“的确，这几个典型错误是很容易犯的。这次，我们班平时很小心的晓欣同学也无法彻底小心不犯错呀。希望大家以后再做这类题目时，一定要时时记得晓欣同学，一定要小心再小心哦，好吗？”

“好！”学生齐声笑着回答。

此后，学生做题的准确度果然有了一定的提高。

锡言锡语

本案例中，教师运用了谐音的幽默工具。

为了提醒、激励学生做题要小心，教师在征得学生的同意后，巧妙地利用学生姓名的谐音来做文章，起到非常好的激励、提醒作用。

六、活用名言、典故、歌词、书名

105. 山不过来，我就过去

有一天上课前，我来到教室，只见化学课代表站在讲台上，已经把课前要读的内容投影出来，正带领着大家进行课前读书呢。但现实的情形却颇令她尴尬：只有几位同学小声地跟着她读，其他同学竟然看着投影默不作声，并且精神萎靡不振。

“我要隆重地表扬我们的化学课代表。”上课后，我看着学生突然说道，学生好奇地看着我。

“刚才课前读书的时候，我发现很多同学也许是太累了，都不怎么出声。但是我们的课代表却依然顽强地坚持着，你们不读，她依然在读。她用自己的行动向我们完美地阐释了什么叫‘山不过来，我就过去’。你们今天都是山，你们就是不肯动口向她靠近，但是她却一直大声读着，用她的实际行动向你们靠近，难道大家不应该为她的精神鼓掌喝彩吗？”

学生都小声地笑了，然后纷纷鼓掌。

第二天，课前读书的情况终于大有好转。

“今天，大家的课前读书做得太好了，我要对你们表示热烈的赞赏。我今天突然发现，我们的课代表秋金同学就像秋天的金子一样闪闪发亮，她一站到讲台上，灿烂的金子马上就光芒四射。虽然我们曾经是一座座巍然屹立的大山，但是现在都被金子吸引过来了。今天，我终于看到了让我倍感欣喜的景象，此景象就是：山过来，我也过去。”上课后，我表扬全班学生。

听到我竟然如此调侃，课代表秋金同学非常开心地看着我莞尔一笑。其他学生也跟着哈哈大笑。

之后，课前读书的气氛越来越好了。

锡言锡语

本案例中，教师运用了活用名言＋活用名字的幽默工具。

面对学生不积极配合课代表读书的问题，教师巧妙地借用名言“山不过来，我就过去”对课代表进行表扬激励，同时也激发其他学生的读书热情。当情况有所改善后，教师活用课代表的名字“秋金”及利用巧改后的名言“山过来，我也过去”对学生进行二次激励，让学生在幽默的气氛中焕发出更大的活力。

106. 我在的理由

“老师，这次考试我前面做得太慢了，导致最后一道题做得很匆忙，错了不少呢。我怎么那么笨哪，每次考试都这样，我是不是没救啦？”一天，考完试后，一位学生哭着找我诉苦。

“你的情况的确是挺遗憾的。不过现在慢一点没有关系，以后加强基础知识的巩固及解题技巧的总结，你就会逐渐快起来的。记得我以前读高中时，一开始做题也是挺慢的，后来也是经过不懈的努力才解决的呢。所以，你现在不必过于苦恼或自卑，我们都是一样的人呢。还记得那句‘我思故我在’的名言吗？我们是：我慢故我在！”我在向学生表达我的理解及鼓励后，冷不防地调侃了几句。

听我这么说，那位学生马上破涕为笑，连连向我点头，并表示接下来一定会努力克服缺点，争取进步。

锡言锡语

本案例中，教师运用了活用名言的幽默工具。

趣味思维是指一个人认为某种事物或信息有意思，在使用时便附带喜爱的情感。教师平时可以培养自己的趣味思维，有意识地去捕捉生活中的喜剧素材，从而更加乐观地面对现实。

为了捕捉生活中的喜剧素材，教师可以选择一些俗语、歇后语、名言及趣闻等进行加工改造，为语言增加更多有趣的调料。

案例中，教师把经典哲学名言“我思故我在”改造为“我慢故我在”。虽然意思变了，但是教师改编得很有趣，引起了学生的强烈共鸣，既激励了学生，又拉近了师生的心理距离。

爱默生说：“人类几乎是普遍地爱好谐趣，是自然界里唯一会开玩笑的生物。”

趣味思维会让我们养成善于发现生活乐趣的好习惯。只要做一个有心的教师，我们的幽默素材就会越来越丰富，我们也会变得越来越有趣。

107. 三上讲台

“请小涵同学把你的解题过程在黑板上板书出来吧。”在一节化学课上，我向学习处于中下水平的小涵发出邀请。

小涵站起来犹豫了一下，然后走向讲台。

结果他的答题情况有点糟糕，错误比较多。

针对小涵的错误情况，我进行了详细的讲解。

“现在请小涵同学继续上来做第二题。”我再次向小涵发出邀请。

小涵站起来，毫不犹豫就走向讲台。

因为第二题是第一题的变式，加上之前小涵听得很认真，所以这次他做得比较好，只错了一点点。

我针对小涵的知识漏洞继续进行讲评。

“有请小涵同学再次上来做第三题，好吗？”我向小涵发出了第三次邀请。

看到我对小涵居然如此“穷追不舍”，学生都情不自禁地笑了起来。

小涵则笑着快步走向讲台。

因为第三题是前两题的变式，这次小涵完成得非常好，全部正确。

“古有‘孟母三迁’和‘三顾茅庐’，今有我们班的小涵同学完美地阐释了‘从哪里跌倒就从哪里爬起’的‘三上讲台’呀！让我们用最热烈的掌声为小涵同学喝彩吧！”

顿时，欢乐的笑声及响亮的掌声响彻教室。小涵也开心地笑了起来。

锡言锡语

本案例中，教师运用了活用典故的幽默工具。

教师为学生精心设计题目，然后安排学生三次上讲台逐一完成。学生不负众望，一次比一次做得好。教师顺势活用典故，将学生的优秀表现称为“三上讲台”，在逗趣学生的同时，更是给予学生无穷的激励。

108. 为师懂你

“这道题，大家还需要我讲解吗？需要的同学请举手。”在一次试卷讲评课上，我看着大家提问。

只见小芳刚想举手，她猛地发现四周没有动静，又连忙把手放了下来。

“小芳同学，你还有疑问吗？”我看着小芳，轻声问道。

“哦，哦，好像有，又好像没有。”小芳回答得犹犹豫豫。按照我对她的了解，她应该是有疑问的。但是看到其他同学都不举手，她又不好意思说有疑问了。

这一刻，学生都看着小芳，小芳显得有点尴尬。

“哦，虽然有句歌词是‘女孩的心思，男孩你别猜’（我哼唱出来），但小芳同学的心思，我是懂的。现在就请大家听我讲解一遍吧。”我看着大家哼唱后说道。

看到我居然如此为小芳解围，学生都情不自禁地笑了起来。小芳也低着头笑。随后大家继续认真听课。

锡言锡语

本案例中，教师运用了活用歌词的幽默工具。

当女生遭遇尴尬时，教师用一句歌词“女孩的心思，男孩你别猜”巧妙地为女生化解尴尬，同时激励女生继续攻克学习上的疑难问题。

109. 你若盛开，王子自来

有一年，我担任高三复读班的班主任。

一天下午，我突然发现小凤同学的情绪非常低落，好像她遇到了什么伤心事儿。于是，我走近她，向她表示若有需要，可以在接下来的自习课时间到办公室找我聊聊。面对我的主动关心，她点头应许。

自习课时，小凤如约到来。我搬来凳子，让她坐在我身边，然后递给她一杯温开水，轻轻地问她：“遇到了什么伤心事儿？可以说给老师听听吗？”

接下来，在我的耐心引导下，小凤慢慢地道出了她的伤心事儿。原来小凤在读上一个高三时交了一个男朋友，高考后男朋友考上了大学，小凤却落榜了，于是她便选择了复读。一开始两人还保持着亲密的电话及短信交往，但是有一天男朋友突然发来分手短信，说他在大学已经有了新的女朋友。这突如其来的打击让小凤感到非常受伤。

小凤一边说，一边流着眼泪。我则一边倾听，一边不时为她递上纸巾。

"发生这样的事，的确是挺让人伤心的。记得有一本书，名字叫《你若盛开，清风自来》，我想把'你若盛开，清风自来'这八个字送给你。希望你现阶段努力学习，争取实现自己的大学梦想。只要一直努力充实自己，做更好的自己，你就一定会遇到那个更好的他。"待小凤情绪平静下来后，我看着小凤，轻轻说道。

小凤连连点头。

"擦干眼泪，继续努力前行吧！你若盛开，王子自来。"最后，我看着小凤，微笑着调侃打趣道。

小凤莞尔一笑，继续连连点头。

经过那次谈话后，小凤的情绪逐渐好转。

当年高考，小凤考取了理想的大学。

大学毕业后，结婚时，小凤专门邀请我参加她的婚礼。

锡言锡语

本案例中，教师运用了活用书名的幽默工具。

面对学生失恋伤心的问题，教师首先倾听学生的诉说，表达对学生的理解，然后巧妙地活用书名为学生指出前进方向，最后改编书名为"你若盛开，王子自来"，既逗趣了学生，又激励了学生，让教育效果水到渠成。

七、类比联想

110. 勤奋好学的小蚂蚁

一天上课时，我正在实物投影仪上投影试卷题目，并带领学生进行分析。

突然，下面的学生纷纷惊呼。

原来，一只不知道从哪里来的小蚂蚁爬到了那张正在投影的试卷上，小蚂蚁慌乱的爬行打乱了大家的思考。

“哦，如此好学的小家伙是从哪里来的呀，它如此想听我讲评这份试卷，以至于迫不及待地跑到试卷上了呢。”我看着小蚂蚁调侃道。

听着我如此评价小蚂蚁，学生都笑了起来。

“好学是好学，不过它应该坐到教室后面听才对呀。大家觉得是吗？”我看着大家，继续说道。

“是呀。”学生纷纷笑着回答。

接下来，我小心翼翼地把那个小家伙移到教室后面，让它自由“听课”。

“好，我们的课堂继续，我们都是勤奋好学的小蚂蚁。加油哦，继续‘奥利给’（网络流行语，意思为加油）！”回到讲台上，我微笑着鼓励大家。

学生大笑，继续精神抖擞地投入课堂。

锡言锡语

本案例中，教师运用了类比联想的幽默工具。

教师在适当的时候，可以运用出人意料的类比联想，让幽默“走起来”。

类比联想，就是运用已有知识、经验，将一种事物和其他事物进行类比。它能使人进行触类旁通的思考，有利于我们开阔思路，创造性地解决问题。

案例中，教师从爬上试卷的小蚂蚁，联想到我们也是勤奋好学的小蚂蚁，鼓励学生继续“奥利给”，从而达到激励学生的目的。

111. 压力过大的后果

“如果压力增大到一定的程度，某些气体就会改变状态变成液体。所以说，压力过大时物质是有可能发生——变态的。”有一天，我在化学课堂上解说道。

学生笑过后，都记住了这个知识点。

“这几天，我发现我们班有个值得警惕的现象。”

听我这样说，学生都竖起了耳朵。

“近来，我们班总有几位同学不交作业，询问原因，答曰：‘学习压力过大，没有心情做’。有压力说明有进取精神，俗话说，‘有压力才有动力’，所以保持适当的压力挺好的。但压力过大就需要做好自我调整了，否则会——变态的。”

听到我如此创新的解说，学生哄的一声都笑了起来，那几位不交作业的学生也跟着赧然一笑。

课后，我再次找到那几位不交作业的学生，给予他们一些调整压力的建议，同时进行了相应的辅导。

之后，那几位不交作业的学生都把学习状态调整过来了，且都能按时交作业。

锡言锡语

本案例中，教师运用了类比联想的幽默工具。

教师由物质的压力问题类比联想到学生的压力问题，把物质压力过大可能造成的后果巧妙幽默地迁移到学生学习压力过大的后果上，在逗趣学生的同时，激励学生既要保持一定的学习压力，又要学会调整学习状态。

112. 跨越心中的障碍物

新学期刚开学，我鼓励学生通过自荐的方式成立临时班委会。

有一天，坐在男生辉前面的琳对我说，辉向她透露过当班干部的想法，但是曾经一段失败的班干部经历让他对自己失去了信心。从此，想当班干部但又缺乏自信，不敢再次挑战自我成了他打不开的心结。

“他的想法不错呀，你试着鼓励一下他，让他来向我自荐吧。”我向琳建议道。

两天过去了，琳虽然动员了辉，但辉依然没有过来找我。

为了帮助辉突破自己的心理障碍，解开心结，鼓励他勇敢地挑战自我，重拾自信，在接下来的一次班会课中，我专门为他设计了一个活动体验游戏。

在这个名为“蒙眼跨越”的游戏中，我让辉和另一位男生作为竞争对手，在班里进行蒙眼跨越的比赛。

比赛前，我先安排他们进行练习，在练习熟悉后开始比赛。到了正式比赛的时候，我却悄悄地把那些障碍物移开。当学生看着他们蒙着眼睛，迈着谨慎而又有点夸张的步伐跨越那些实际上已经不存在的障碍物时，都哈哈大笑起来。当辉和他的对手摘下眼罩，知道了事情真相后，也情不自禁地笑了起来。

“既然那些障碍物已经不存在了，那么刚才你跨越的障碍物来自哪里呢？”我看着笑过后陷入深思的辉提问道。

“我刚才跨越的障碍物来自内心，因为我心中还有以前看到的障碍物。”聪颖的辉思考了一会儿，就给出了答案。

“对，这就是我们所说的，内心给自己设定的障碍。在我们前进的路上难免会有很多障碍，有些障碍是客观存在的，有些障碍则是我们在心理上给自己设定的。只有发现并突破这些心理障碍，才有利于我们继续前进，做更优秀的自己。”听着我的总结，辉用力地点了点头。

终于，第二天，辉主动找到我。“老师，我想自荐当班干部。昨天那个游戏对我触动很大。虽然我曾经失败过，但我更愿意挑战自我，希望老师可以给我一次锻炼的机会。”辉的话让我倍感欣慰。

后来，在辉的不断努力及我的培养引导下，辉成长为一名工作出色的班干部，他曾经的心结终于被彻底解开。

锡言锡语

本案例中，教师运用了类比联想的幽默工具。

教师为学生设计了一个幽默有趣的跨越障碍的体验活动，巧妙地引导学生由外界的客观障碍类比联想到学生心中的障碍问题，最终达到了激励学生勇于突破心理障碍的教育效果。

八、偷换概念

113. 三下子

“老师，这类题太难做了，能告诉我一下子就做出来的技巧吗？”一节化学课上，我在讲解一道比较难的化学题。我刚讲解完，有个学生就急迫地提问道。

“哦，我的经验是，首先认真审题，然后思考考点是什么，最后才开始动笔。要记住，不是一下子，最少三下子哦。”我看着那位学生，微笑地回应道。

“明白了，看来是急不来的，我还得努力才行。”对于我的幽默回应，那位学生非常满意，笑着回答道。

锡言锡语

本案例中，教师运用了偷换概念的幽默工具。

如果说，一元思维能让沟通更有效，那么我们也不可否认，二元思维可以为沟通增添更多情趣。教师可以通过偷换概念来制造幽默。

案例中，面对急功近利的学生，教师抓住其提问中的“一下子”做了偷换概念的文章。学生本来想用“一下子”来表达做题是否有捷径。教师则利用解题的三个步骤，用“最少三下子”的说法，代替了“一下子”的概念，利用幽默的回应，引导学生深入思考，激励学生做题时要踏踏实实。

九、夸张赞美

114. 化学名言

“现在，我们一起来总结一下醇催化氧化的规律吧。”一节化学课上，我们在学习醇的化学性质。

“经过讨论，我们总结出以下规律。”我一边说，一边把讨论结果投影出来：和羟基连接的碳若无氢原子，则不能催化氧化；若只有一个氢原子，则得到酮；若有两个氢原子，则得到醛。

“一氢酮，二氢醛，无氢不反应。”突然，男生小波看着投影，小声地自言自语般吟唱起来，附近的学生听后都忍不住笑起来。

“天哪，小波同学的总结太精妙了。请小波同学站起来，向大家再说一遍你刚才的总结，好吗？”我微笑地看着小波，并发出邀请。

小波开心地站起来，大声地进行了复述。

“太棒了，小波同学今天的表现是全班最好的，比老师还好呢。他就是我们今天的小化学家，也会是未来的大化学家。现在我宣布，小波的这句总结就是我们今天的化学名言，请班长明天把这句话抄写到班级的每日名人名言上。”我指着黑板右上角每日名人名言栏，对学生提议道。

这时，学生开心地笑着鼓掌。小波也乐开了花。

第二天，小波的化学名言在黑板右上角出现。

后来，同学们的学习热情越发高涨了。

锡言锡语

本案例中，教师运用了夸张赞美的幽默工具。

教师对学生的总结进行了夸张却又显得合情合理的赞美，夸张产生的幽默效果让学生觉得诙谐有趣，赞美则让学生受到极大的激励和鼓舞。

十、拟人化

115. 刻骨铭心的感情

有一天，我在某班上化学课，因为课程内容很重要，故而笔记比较多。学生记了一版后，我继续投影另一版让学生记。

“老师，太多了，没有地方记呀。”看到还要记笔记，一位男生有些不耐烦了，竟然小声地抱怨起来。现场气氛顿时变得有点凝重。

“哦，也许真的太多了。要是实在没有地方记，那就记在心中吧。这样你跟化学的感情就是真正的刻骨铭心啦。这样它才会跟着你一生一世，不离不弃的。小伙子，努力吧，未来的化学家就是你啦。”我看着那位男生，打趣地调侃道。

那位男生和全班同学一起开心地笑了起来，笑声过后大家继续认真做笔记。

锡言锡语

本案例中，教师运用了拟人的幽默工具。

面对学生合乎情理的抱怨，教师应给予充分理解。教师要想激发学生的学习热情，除了一般的动之以情、晓之以理外，还可以采取幽默的方式。案例中，教师把化学知识拟人化，用“跟着你一生一世，不离不弃”的拟人化表达既巧妙地回应了学生的抱怨，又对学生起到了非常好的激励作用。

第四辑

批评学生的幽默智慧

常言道，“良药苦口利于病，忠言逆耳利于行”。但若良药太苦，苦得令人无法下咽，那功效从何而来呢？若忠言太逆，逆得进不了学生的耳朵，或者是左耳进右耳出，那又有何作用呢？简单粗暴的批评只会激发学生的逆反情绪，其教育效果微乎其微。

学生作为发展中的人，必然是在不断试错中学到更多为人处世的道理及原则，进而慢慢成长并成熟起来的。所以，学校应该是允许学生犯错的地方，学生也应该是被允许犯错的个体。教育者必须清楚：批评只是引导教育学生的一种手段罢了，我们要尽量避免不当的批评可能对学生造成的伤害。

著名特级教师于永正在处理学生问题时曾说过，教师心中藏着爱意和善意，有着民主和尊重，它一定会自然地流露，这种流露，便是一种非常简洁的教学风格，一种令人陶醉的教育艺术。

所以，当学生犯错时，教师完全可以另辟蹊径，采取另一种方式来处理，这就是幽默式批评。幽默式批评遵从的教育理念就是：良药甜口利于病，忠言顺耳利于行。

在学生犯错需要批评时，教师可以采取幽默的方式进行批评引导，通过变换角度营造幽默轻松的氛围，使批评的过程变得亲切、自然、诙谐有趣。幽默式批评表达了教师对学生的提醒、理解及期待，最终会触动学生的心灵，引发学生的自我批评，从而达到良好的教育效果。

不过，在实际教育中，教师的幽默式批评也要注意因人而异，不可一刀切。例如，对于性格内向的学生，就应该慎用幽默式批评。一般来说，幽默式批评比较适合性格外向、大大咧咧且喜欢开玩笑的学生。

一、制造典型事件间接批评

116. 免费的实验样品

一个下午的上课期间，正在黑板上板书的我猛一回头，发现坐在后排的男生峰居然趴在桌子上睡着了，嘴角还流着口水。见此情景，我灵机一动，面向全班学生问道：“同学们，你们想知道人在睡着时流的口水是呈酸性还是呈碱性的吗？”

“想。”学生觉得我的问题有些莫名其妙，但他们的好奇心还是被我激发出来了。

“好，那么现在就请峰同学为我们提供一些免费的实验样品吧。”说完，我顺手从讲台上拿起一个烧杯，在大家的注视中慢慢地朝峰走过去。学生一看，恍然大悟，接着全班同学大笑。

此时，峰在同桌的提醒下已擦干口水，坐得端端正正。我端着烧杯来到他身边，笑着问：“嘿，口水呢？怎么没有了呢？看来这次我采集不到样品了，那就等下次吧。”同学们又是一阵大笑。有点不好意思的峰则笑而不语，抬头挺胸认真听课。

锡言锡语

本案例中，教师运用了制造典型事件间接批评的幽默工具。

教师先提出“人在睡着时流的口水是呈酸性还是呈碱性”这一问题，然后通过采集上课睡觉的学生的口水这一典型事件，引发笑点，在诙谐搞笑的气氛中达到对学生间接提醒和批评的效果，让学生心悦诚服地纠正自己的错误行为。

117. 请马上还债

有一天，男生峰迟到两次后却没有按照纪律委员的要求抄写课文。

我决定利用课间时间在教室里解决问题。

“峰，请过来一下。”我招呼峰来到纪律委员娇的身旁。

“老师，有什么事吗？”峰走过来，疑惑地问。

“不好意思呀，我是来向你讨债的。”我郑重其事地说道。

“啊，向我讨债？”峰更加疑惑了。

“娇，请你把峰的欠债本拿出来吧。”我向娇使着眼色。

“他的欠债记录我都记在这里了。”娇心领神会地打开迟到记录本，指着上面的迟到记录说道。

“哦，我明白了。”恍然大悟的峰摸摸头，不好意思地笑了起来。

“老师现在手头很紧哦，你可以马上还债吗？”我看着峰，表演得就像一位债主一样认真地催债。

“好，好，我马上还债。”峰一边笑着，一边回到座位上拿起纸和笔开始抄起课文来。

之后，峰迟到的现象逐渐减少。

锡言锡语

本案例中，教师运用了制造典型事件间接批评的幽默工具。

教师通过制造幽默的讨债事件，巧妙地对学生不遵守班规的现象进行批评，最终让学生心悦诚服地接受教育并自觉地纠正错误。

二、旁敲侧击间接批评

118. 对拔河比赛不乐观的分析

一天早上，我在教室上课。由于是第一节课，学生的精神状态不太好，更有两位男生无精打采地趴在桌子上。

见此情景，我对着全班同学说道：“今天下午，我们班就要参加学校拔河比赛的决赛了。同学们，你们都做好准备了吗？”

“准备好啦，冠军是属于我们的。”学生齐声喊道。

“但是我却觉得形势不容乐观哪。”听我这样说，学生一脸疑惑。

“大家看，作为我们班拔河比赛的两名主力，他们的精神状态可不太好哇，现在已经昏昏欲睡了。如果一不小心趴在桌子上睡着了，然后又着凉了，那么下午的拔河比赛，我们班的冠军梦可就悬了。难道这两位同学是对手派来的间谍吗？”我指着那两位男生，向学生解释道。

学生马上哈哈大笑起来，那两位男生也在大家的笑声中打起精神，开始认真听课。

锡言锡语

本案例中，教师运用了旁敲侧击间接批评的幽默工具。

通过谈论教师对拔河比赛担忧的原因，教师间接指出学生打瞌睡的不良现象，在诙谐搞笑的气氛中达到对学生间接提醒及批评的效果，让学生心悦诚服地纠正自己的错误行为。

119. 马上写英语作业

一节化学课上，离下课还有 5 分钟，我把当天的作业投影出来，让学生先把题目抄下来。

我在讲台上环顾四周，猛地发现一位男生居然在全神贯注地抄写英语（应该是被英语教师罚抄）。

“请同学们认真快速地把题目抄完，然后抓紧时间写英语作业。”这时，我看着大家，忽然大声提醒道。

面对如此提醒，学生都疑惑地看着我，一时也不知道究竟是怎么回事儿。

“因为英语很重要嘛，现在已经有个同学在争分夺秒地写英语作业了。”我看着学生解释道。

在明白我话中有话后，学生都哄的一声笑了起来。那位男生的脸马上泛起了红晕，也跟着大家一起笑，然后迅速拿起作业本抄化学题目。

锡言锡语

本案例中，教师运用了旁敲侧击间接批评的幽默工具。

教师通过提醒学生“快速地把题目抄完，然后抓紧时间马上写英语作业”，幽默地间接地批评学生的错误行为，让学生在笑声中反省自我，改正错误行为。

120. 安全使者

一节化学课上，我正在讲台上演示利用乙酸和乙醇制备乙酸乙酯的实验。当我准备加热时，突然发现坐在教室后排的男生小民正在偷偷地看课外书。

“同学们，这个实验有点危险呢。若加热时沸腾得厉害，也许会爆炸呢，我此刻有点害怕哦。请一位同学上来，站在我身边，一边观看实验，一边为我壮胆，好吗？”我看着学生，以半开玩笑半认真的语气问道。

“好！”学生纷纷笑着回应。

“那就请小民同学上来吧，他如此高大威猛，站在我身边，绝对是最棒的安全使者。”我微笑地看着小民发出邀请。

面对我突如其来的邀请，小民迅速把课外书放在一边，猛地站起来，笑着走向讲台，来到我身边，专注地看着实验的进行。

“再次谢谢我们的实验安全使者小民同学，在他的保驾护航下，今天的实验完美收官。”实验完成后，我一边鼓掌，一边表扬小民道。

这时，学生再次笑起来，纷纷为小民鼓掌。小民也笑着回到座位上继续认真听课。

课后，聪明的小民悄悄找到我，他在对我的幽默宽容处理表示感谢后，主动上交了课外书，并让我代为保管一个星期。

锡言锡语

本案例中，教师运用了旁敲侧击间接批评的幽默工具。

教师通过让违纪看课外书的学生担任实验安全使者，委婉地对其进行了间接的提醒批评，让学生在教师的幽默宽容中深刻反省自我。

121. 随地丢垃圾的学生

男生小高一直以来都有一个坏习惯：喜欢随手乱丢垃圾。此前，班干部多次提醒，他却依然顽固不改。

一天早上，我巡视教室，发现小高的座位下面躺着一个塑料袋子。我尝试用一种非一般的引导方式和他进行“交锋”。

我走上前，一边捡起地上的袋子，一边笑着对小高说：“真对不起，老师没有看好教室的地板，让它偷偷抢了你的袋子，我现在要批评它，并且把袋子还给你。”说完，我将袋子递给小高。

听我居然这样说，小高马上明白了是怎么回事儿，他的脸刹那间就红了。他迅速接过袋子，然后低声不好意思地笑着说：“谢谢老师，我以后一定会看管好这些袋子的。”

此后，小高很少出现乱丢垃圾的行为。

锡言锡语

本案例中，教师运用了旁敲侧击间接批评的幽默工具。

学生乱丢垃圾，教师明说错在教室的地板，并向学生道歉，实则委婉地指出学生的错误行为，通过幽默的桥段来保留学生的面子，让学生感受到教师的宽容大度，并对教师心怀感激，从而心悦诚服地改正错误行为。

122. 温暖的情景

一天上午，第一节是化学课。上课铃声响起，我快步走进教室，发现几位学生还在匆忙地啃着面包。

“今天外面挺冷的，但是进到教室后，我却感到非常温暖。”我突然看着学生说道。

学生疑惑地看着我。

“为啥？因为一进来，我就看到几位同学正在热火朝天地吃着早餐，这情景挺温暖的。”

这就是温暖的理由？学生都小声地笑了起来，那几位嘴里还嚼着面包的学生马上停了下来，表情尴尬地笑着。

“但是，吃得如此匆忙，不但容易导致消化不良，而且还会影响听课质量。所以，为了大家的健康及课堂的质量，为师决定等一等，等你们吃完了，为师再上课吧。希望下次莫再出现如此温暖的情景了，好吗？”我看着大家，关切地提醒道。

“好！”学生齐声笑着回应。

此后，学生上课期间吃早餐的现象再也没有出现过。

锡言锡语

本案例中，教师运用了旁敲侧击间接批评的幽默工具。

面对学生上课吃早餐的不良行为，教师先调侃此情景很温暖，制造幽默诙谐的气氛后，再道出自己的忧虑并进行引导，通过幽默的间接批评，让学生对教师的教育心悦诚服。

三、反向批评

123. 神人

一天早上，611 男生宿舍的值日生小明（一位性格活泼开朗的男生）向我解释，因为在宿舍搞卫生，他早读迟到了 20 分钟。我马上找到该宿舍的其他学生进行调查，确定小明是因为赖床才迟到的。鉴于此，我决定在班上对其进行批评教育。

“今天，我要隆重表扬我们班的一位男生宿舍值日生。今天早上，他为了把宿舍打扫得干干净净，居然在宿舍打扫了 40 多分钟，否则他是不可能早读迟到 20 分钟的，真是精神可嘉呀！因为我们都知道，持续地做 40 多分钟的卫生，那可是非常考验人的，非一般人所能也，其必为神人也。”我在全班学生面前，煞有其事地说道。

学生听出了我的弦外之音，都纷纷看着小明笑了起来。小明也不好意思地低头跟着笑。

之后，小明早读再也没有因为宿舍值日而迟到过。

锡言锡语

本案例中，教师运用了反向批评的幽默工具。

对学生的错误行为，教师一般采用正向批评法，先直接指出不良现象，再追根溯源、分析错误原因，然后提出改进方向。但若总是使用这一招，学生难免会觉得教师啰唆，从而产生厌烦甚至抵触情绪。

案例中，教师化批评为“表扬”，通过大张旗鼓且诙谐地“表扬”学生为神人，让学生反省自己的错误行为，然后自我纠正，良好的教育效果最终水到渠成。

124. 最佳男演员

有一天，在课堂上，我发现小祥（一位性格大大咧咧的男生）居然在津津有味地偷看课外书。于是，我点名让他站起来回答一个化学问题。

对于我的“突然袭击”，小祥有点无奈。他慢慢地站起来，然后忙乱地翻着课本，迷茫地看着周围，尴尬地用手挠着头，不知道怎样回答。

“小祥同学今天的表现非常好。”我看着他说道。

全班学生愕然地看着我。

“难道大家刚才没有看到吗？小祥同学刚才的动作、神情很到位，把一位被老师提问而急切想回答却无果的学生表演得入木三分，真不愧为我们班的‘最佳男演员’。”我看着全班学生，用调侃的语气解释道。

顿时，欢乐的笑声在教室里荡漾开来。

小祥也不好意思地跟着笑起来，然后他端正坐姿，打起精神。

我们继续上课。

锡言锡语

本案例中，教师运用了反向批评的幽默工具。

教师先提问偷看课外书的学生，当学生忙乱不知所措时，教师顺势根据学生的表现“表扬”其为“最佳男演员”，对学生进行了委婉的批评，让学生在幽默的气氛中自我反思、自我改正。

125. 技术一流的绝世高手

有一天，我来到班上，走上讲台，正准备喊“上课”，扭头却发现黑板居然还没有擦。

学生见此情景，纷纷把责备的目光投向班上的男生 A（那天 A 值日，负责擦黑板）。A 有点儿不好意思地站起来，匆匆走向讲台。

鉴于性格大大咧咧的 A 已经多次犯此类错误，我决定利用这次机会给他一顿“教训”。于是，我看着全班学生调侃道：“请大家用热烈的掌声欢迎A同学上来为我们表演如何擦黑板，好吗？”

看我竟如此为A打圆场，学生都心领神会地笑了起来，然后掌声也很配合地响了起来。

A则一边不好意思地笑着，一边迅速把黑板擦得干干净净。

“擦得非常好，技术一流，绝对是擦黑板的绝世高手，以后再接再厉哦。”我看着A竖起大拇指，微笑地表扬道。

A有点儿脸红，与我相视一笑，然后连连点头。

此后，A值日时再也没有忘记擦黑板。

锡言锡语

本案例中，教师运用了反向批评的幽默工具。

教师先请忘记值日的学生上来为大家表演如何擦黑板，然后表扬其“技术一流”，再提出“以后再接再厉”的要求，巧妙地化批评为“表扬”及鼓励，既逗趣了学生，又让学生在愉快的氛围中心悦诚服地接受了教师的批评教育。

126. 批评学习懒惰的学生

虽然小明在学习方面比较懒惰、表现不佳，但是他性格乐观、乐于助人。如果不谈学习，教师们对他还是挺满意的。

有一次期中考试，小明的各科成绩依然非常糟糕，总分远远低于班级的平均分。结合他的个性特点，我决定在接下来的班会课上给予他一次特别的批评。

“这次期中考试，同学们的表现非常好，我们班总平均分位列全年级第一名。在这里，我要特别点名表扬小明同学，要是没有他，我们班的总平均分不但会是全年级第一名，而且还会遥遥领先第二名。还好因为小明的存在，第二名的班级才不至于那么难堪。”

听到我居然如此“表扬”小明，其他学生都哈哈大笑起来。面对着这极为意外的一幕，小明也不好意思地跟着大笑起来。

课后，小明主动找到我，调侃地笑着说：“谢谢老师刚才的‘表扬’，我以后会努力的，我不想再做第二名班级的卧底了。”

果然，小明之后真的努力起来了。虽然他的成绩依然不够理想，但他在一点一点地进步。

锡言锡语

本案例中，教师运用了“两可”矛盾逻辑+反向批评的幽默工具。

矛盾逻辑认为：人们不可同时肯定两种自相矛盾的思想。幽默的“两可”矛盾，则突破了矛盾逻辑中非此即彼的判断，构造了自相矛盾的趣味。

在上面的案例中，教师运用“两可”矛盾逻辑思维，幽默地对小明进行了批评。小明被教师当众“点名表扬”，与小明该次考试成绩差、平时学习不努力的表现相矛盾。因为小明平时就是一位活泼开朗、喜欢自我调侃的男生（这点对于教师使用案例中的幽默策略非常重要），所以教师对小明进行自相矛盾的幽默调侃批评，可以让小明没有过多的紧张及挫败感，反而会促其反省、改进，同时也让他更加敬佩教师的豁达、乐观及宽容，教育效果立竿见影。

127. 为师的感动和忧虑

有一天，我正在上课，大约3分钟后，两位男生才从外面进来。问其原因，答曰：课间忘记上洗手间，到了临上课才匆忙赶去。根据一段时间的观察，我发现此现象经常出现。作为班主任，这次我必须出手了。

于是，我招呼他俩回到座位上，然后对着全班同学说：“经过观察，我发现这段时间有些同学经常课间忘记上洗手间，总是到了临上课才匆忙赶去，导致上课迟到。”听着我的批评，全班同学沉默。

“对此，我非常感动。”听到我居然说感动，学生都诧异地睁大眼睛看着我。

“我为他们的勤奋而感动，他们学习如此刻苦，以致下课了都不知道，课间还在争分夺秒地学习，甚至在身体发出了要上洗手间的信号时，他们还强忍着，这种忘我的学习精神难道不值得我们为之感动吗？”我缓缓地解释道。学生听罢大笑。那两位迟到的男生也不好意思地跟着笑了起来。

“但是，我也挺为他们的身体健康而忧虑。若长期这样，会憋出毛病来的。以后我们能否为自己的身体健康着想，避免这种现象发生呢？”我问道。

“能。”学生齐声回答。

之后，这种情况大为改善。

锡言锡语

本案例中，教师运用了反向批评的幽默工具。

教师先大张旗鼓且幽默地“表扬”学生上课迟到的不良现象，让学生对教师的“表扬”心悦诚服，然后再提出改进建议，让批评教育效果有奇效。

128. 高抬贵手

有段时间，班上的小豪早读时总是匆匆忙忙，他经常前脚刚踏进教室，早读的铃声马上就响起来。询问原因，原来是班上几位平时比较懒惰的同学，知道小豪家附近有一家面包店，每天早上都让小豪帮忙买面包。因为每次买面包都要排队，所以小豪每天早上上学都异常匆忙，有时遇上交通堵塞还会迟到一两分钟。

我问小豪：“为何不让那些同学自己买？自己的早餐应该自己买呀。你若总是帮他们买，不但会浪费自己的时间，还会助长他们的惰性呀！”

“老师，您说的话很有道理。我也曾想过拒绝他们，但总是不好意思开口。”小豪苦笑着回答。

原来是这样，我决定为老好人小豪解围，同时也顺便批评一下那些懒惰成性的学生。思考片刻，我计上心头，便微笑着和小豪商议，他频频点头，笑着答应配合。

“同学们，今天我要隆重表扬我们班上一位默默无闻的学习雷锋积极分子，他就是小豪同学。”班会课上，我看着小豪，对大家说道。

学生的目光马上聚焦到小豪身上。

“小豪同学每天早上都坚持为几位同学买面包，不要报酬，风雨无阻，甚至早读迟到也无怨无悔，这样的老好人难道不值得表扬吗？”

“值得！”下面有个学生小声地笑着回答。

“同时，我也要感谢并表扬那些总是委托小豪帮忙买早餐的同学，正是他们为我们打造了一位热心助人的班级楷模，真是功高盖世呀。”

此时，学生马上明白了我话里有话，都纷纷哄笑起来。那几位委托小豪买早餐的当事人不好意思地低头跟着笑。

“但是楷模也是人哪，人都会累的。为了不让我们的楷模累倒，还请那些同学高抬贵手，放楷模一条生路哇，大家觉得应该这样做吗？”

“应该！”学生大声地整齐地笑着回答。

课后，那几位学生主动找到小豪“解除合约”。困扰小豪的问题终于得到解决。

锡言锡语

本案例中，教师运用了反向批评的幽默工具。

按照正常的思维逻辑，那些因为懒惰总是让别人帮忙买早餐的学生应该受到教师的严厉批评，但案例中的教师却变批评为“表扬”，“表扬”他们为班级打造了“楷模”，通过反弹琵琶式的幽默逗趣学生，让学生反省并纠正自身问题。

129. 小豪子

“下面，请小豪同学回答这个问题。”课堂上，我向积极举手的小豪发出邀请。

小豪站起来，回答完全正确。

“太棒了，回答得非常好。”我看着小豪表扬道。

“哦，小耗子今天表现不错哦。”突然，坐在小豪旁边的小飞看着小豪，小声地调侃道。

听到小飞居然这样称呼自己，小豪原本开心的表情马上变得尴尬起来。其他学生也颇感意外，他们都看向我，等待着我的回应。

小耗子？这明显是一个取笑别人的外号哇。也许对于性格开朗、大大咧咧的小飞来说，这只是他开的一个玩笑，但是对于小豪及其他学生来说，这绝对是一种精神上的伤害呀。我必须做出积极的回应。

“我要表扬小飞同学。”我看着大家，突然说道。

表扬？学生一下子都蒙了，他们都惊愕地看着我。

“感谢小飞同学为小豪取昵称，小豪子这个昵称很像小名啊，听起来挺亲切的。但是刚才小飞的发音出了点儿问题，这个‘豪’字，应该是读第二声而非第四声哦。为了表达我的感谢，请小飞同学下课后到办公室找我，我要亲自为提升你的普通话水平而开小灶，否则以后你一定会因为发音不准而闹笑话甚至闯祸的。”我看着小飞，意味深长地说道。

学生一下子就明白了我的言外之意，都小声地笑了起来。小豪之前的尴尬消失了，脸上露出了满意的微笑。小飞不好意思地低着头跟着大家笑。

课后，小飞找到我主动承认错误，并保证以后绝不随便给同学取外号了。看到他态度如此诚恳，我原谅了他。

果然，小飞之后再也没有犯类似的错误。

锡言锡语

本案例中，教师运用了反向批评的幽默工具。

面对为同学乱取外号的学生，教师没有当众大发雷霆、严厉批评，而是幽默地化批评为“表扬”，并且为自己所谓的“表扬”寻找非常合适的理由，通过巧妙地指出学生的发音问题，对学生提出委婉的批评，如此幽默的反弹琵琶式的批评让学生对教师的教育心服口服。

四、自圆其说

130. 急着下课的学生

有一天，我在某班上化学课，我们准备学习一个很重要的难点知识。

“这个考点很重要，就算到了高三也会经常考。据我多年的经验，很多学生到了高三还经常出错，为什么呢？因为他们在高一学习这个知识点的时候没有真正掌握。所以请大家这节课认真学习，争取课后可以到高三辅导那些还没有掌握这个考点的师兄师姐们。”在学习前，我先以调侃的方式为学生鼓劲。

接下来，全体学生积极认真地投入学习。我们顺利地完成了这个考点的学习。

下课铃声响起，在我准备开口说“下课”时，一位男生突然站了起来，迫不及待地拿起书包就准备往外冲。这时，其他学生看看他，然后再看看我，气氛有点儿尴尬。

“这位同学，今天怎么那么急着下课呢？是不是想跑到高三那边辅导师兄师姐了呢？看来这节课的知识点你掌握得不错呀。莫急，慢慢来，高三那边经常拖堂，还有时间。”我看着那位男生，微笑着调侃道。

全班学生顿时笑得前俯后仰，那位男生则有点不好意思地笑着坐了下来，然后我宣布下课。

锡言锡语

本案例中，教师运用了自圆其说的幽默工具。

案例中，教师面对学生想提前离开教室的错误行为，没有采取直接的批评教育方式，而是宽容对待，为学生制造的问题幽默地寻找自圆其说的理由。教师从学生的角度出发，委婉而巧妙地批评了学生，在幽默中渗透着教师对学生的理解，体现了教师的智慧。

131. 来得正是时候

一天，我正在上下午第一节课。大概过了 8 分钟，小斌（一位经常迟到且性格外向的男生）才从教室外面走进来。也许是因为走得太急了，他居然忘记了打报告，而是径直走向自己的座位，其他学生惊愕的目光一直追随着他。

“欢迎欢迎，热烈欢迎，小斌同学你来得正是时候哇，你的时间计算得可真是太准了，这个化学问题我正讲到关键的地方呢，你真是半秒钟都没有浪费哦，神算子非你莫属啦！”面对此情景，我看着他调侃道。

学生纷纷小声地笑了起来。小斌也不好意思地抿着嘴笑。

经历这次事件后，小斌迟到的现象逐渐减少。

锡言锡语

本案例中，教师运用了自圆其说的幽默工具。

学生迟到后，教师为学生的迟到寻找非一般的、自圆其说的理由，表面上是在维护学生，实际上是对学生进行幽默的调侃批评。教师用诙谐的语言引发学生自我反省，促使学生纠正自身错误行为。

132. 教师节的礼炮

教师节当天，我正在某班上化学课。

其间，学生在课堂上安静地做着练习。

突然，一位男生的座位附近发出“嘭”的一声巨响，声音虽然不是很大，但是全班学生几乎都注意到了，大家纷纷把头转过去。

我看向那位男生，原来他刚刚在开小差，不知道在摆弄一个什么东西，才搞出了那声巨响。那位男生尴尬地看着我，低下了头。

“谢谢这位同学送给我的教师节礼炮，你这份特殊的心意我收到了。但是我还是很希望你放礼炮时，可以选择一个更合适的时间，例如课间。上课期间这样放礼炮会吓着人的，不是吗？”我看着那位男生，微笑着说道。

此言一出，学生捧腹大笑。那位男生也不好意思地跟着笑。

课后，那位男生主动找到我承认错误。

锡言锡语

本案例中，教师运用了自圆其说 + 反向批评的幽默工具。

面对学生课堂上开小差发出的声音，教师没有停下来追究处理，而是利用教师节这个特殊日子，巧妙地寻找自圆其说的理由对其进行“表扬”，“表扬”中蕴含着批评教育，最终让学生在愉快的氛围中心悦诚服地接受教师的引导。

133. 支付宝到账

有一天，我在班上巡视，学生正在做课堂小测验。

“支付宝到账 100 元。”突然，不知从教室哪个角落哪位学生身上传来如此奇葩的声音。

学生纷纷停下手中的笔，四处张望，然后看着我，等待着我的处理。

“是哪位老板把生意做到教室里了呢？恭喜他又完成了一笔大交易哦，记得请大家吃一顿大餐庆祝一下呀。”我看着学生调侃道。

学生纷纷笑了起来。

“好，我们现在继续认真完成小测验，课后准备一起吃大餐。”我继续补充道。

学生笑，然后迅速安静地继续做题。

课后，那位学生主动找到我承认错误。我按照校规对其进行了相对宽容的处理。

锡言锡语

本案例中，教师运用了自圆其说的幽默工具。

当学生违反校规将手机带到教室后，教师为学生的不良行为寻找搞笑幽默的、自圆其说的理由，对学生进行幽默的调侃批评，用诙谐的语言引发学生自我反省，促使学生纠正自身错误行为。

五、借力打力

134. 站在教室后面听课的女生

有一天，我在某班上课，发现一位女生居然拿着书本站在教室后面听课。

虽然站着，但是她却听得挺认真。只是时不时会有几位学生偷偷扭头瞄一下她。

我猜想，这位女生应该是犯了错误而被班主任罚站听课的。

“这位同学，你好，请问你为何会站在教室后面听课呢？”我看着这位女生，充满疑惑地问道。

这时，部分学生看看我，再扭头看看那位女生，笑了起来。女生解释说，她是因为早上上课时打瞌睡，所以被班主任惩罚站着听两节课。

“我要表扬这位同学。”我大声说道。

大家疑惑地看着我。

“一是因为她非常虚心地接受了班主任的批评教育。二是因为虽然她站着听课，但是却非常认真投入，比起那些经常扭头瞄她且时刻关注她的动态的同学，她认真得多了。”我看着大家解释道。

学生大笑，然后为那位女生鼓掌。

接下来，全班同学认真听课，再也没有学生扭头往后看了。

锡言锡语

本案例中，教师运用了借力打力的幽默工具。

教师借表扬站着认真听课的学生，来批评那些分心的学生，让学生在幽默诙谐的气氛中进行自我批评，然后改正错误行为。

135. 来自隔壁班的声音

有一天，我在某班上课，隔壁班在自习。

“安静！安静！”突然从隔壁班传来响亮的声音。原来是隔壁班的纪律委员在维持纪律。

这时，班上的几位男生扭头看向教室门口，表情怪异。他们的注意力飘到了隔壁班。

“谢谢隔壁班的纪律委员。但是我们班现在已经非常安静了，还需要特别提醒吗？完全不需要哇。请大家继续全身心地投入我们的课堂吧，不然就真的辜负了人家对我们的特别关心啦。”我突然停下来，看着那几位男生调侃道。

学生们大笑。那几位男生也不好意思地笑笑，然后迅速端坐好，继续认真听课。

锡言锡语

本案例中，教师运用了借力打力的幽默工具。

教师借表扬隔壁班的纪律委员，来批评那些注意力分散的学生，让学生在幽默诙谐的气氛中进行自我批评，然后改正错误行为。

136. 回头是岸

有一天早上，我在班上讲影响化学反应速率的因素问题。

“影响化学反应速率的因素包括内因和外因。内因由物质的化学性质决定；外因包括催化剂、温度及浓度等。”我总结道。

这时，我看到男生 A 睡眼惺忪地趴在桌子上。他经常因为晚上偷偷玩手机迟睡，而导致第二天白天上课时无精打采。

“A 同学，影响化学反应速率的因素包括物质的内因和外因。如果把这个问题延伸一下，请问你认为影响一个人的学习状态的内因和外因又是什么呢？”我突然点名让 A 回答。

A 站起来，目光呆滞地看着我，茫然不知所措。

“好，那我来总结一下吧。影响一个人的学习状态的内因就是这个人是否有学习的目标和动力，外因则包括班级其他同学对他的影响、手机游戏对他的诱惑等诸多因素。你认为我总结得对吗？”我看着 A，微笑地问道。

“对。”A 似乎有所领悟地点点头。

“好的，请坐下。同学们，今天我们班是否有同学因为昨晚被手机游戏诱惑得不能自拔，从而导致现在学习状态全无呢？若有，请快快放下手机这把屠刀，立地成佛，回头是岸哪。”我看着全班学生，用调侃的语气说道。

学生们大笑。已经完全明白我话中深意的 A 也看着我笑。

接下来，课堂继续。A 打起精神坚持了一节课。

之后，A 的学习状态慢慢地有了改善。

锡言锡语

本案例中，教师运用了借力打力的幽默工具。

教师借力课堂知识“影响化学反应速率的因素”，幽默地将其转移到对学生的教育引导上——“影响一个人的学习状态的因素”，对学生的错误行为进行了无痕批评教育，接下来的调侃“回头是岸”更是逗趣学生，让学生在愉快的气氛中自愿接受教师的教育。

137. 豹子胆

“据说因为蓝矾的颜色如胆汁，味道似苦胆，所以蓝矾古时又叫石胆，现在则谓之胆矾。”在一节化学课上，我对着学生解说道。

“各位同学，你们曾经吃过哪些动物的胆？”我看着学生提问。

“老师，我曾经吃过蛇胆，的确很苦呢。”一位学生回答。

“老师，我曾经无意中吃过鸡胆，也挺苦的。”另一位学生回应。

学生热烈地讨论起来。

这时，我突然看到了不好的一幕：两位男生不知道为什么发生争执，一位男生起身用力推了一下另一位男生，被推的男生扶着桌子，一脸无辜，差点摔倒。

见此情景，其他学生都惊愕地看着他们。

“我猜这位推别人的同学今天应该是吃了豹子胆吧，豹子胆应该非常苦吧，以致苦得浑身不受控制，于是站起来推别人一把？”我看着那位男生，不紧不慢地说道。

听到我居然如此批评那位男生，学生都笑了起来。那位男生也不好意思地跟着笑了笑，然后迅速坐端正。

笑声过后，课堂继续。

锡言锡语

本案例中，教师运用了借力打力 + 自圆其说的幽默工具。

教师针对学生课堂上玩耍推同学的行为，借力课堂内容，为犯错的学生寻找自圆其说的理由——“吃了豹子胆”。教师在逗趣学生的同时，更让学生进行了深刻的反省。

138. 有毒的插嘴

“老师，请问用 pH 试纸检测溶液的酸碱性时，为什么还要用到玻璃片？不是直接用手拿着试纸就可以了吗？”一节化学课上，我在讲解习题的时候，一个女生突然举手站起来问道。

“用玻璃片来垫试纸呀，拿着会污染手的。怎么这样简单的安全问题都不懂？”还没有等我回答，坐在这位女生附近的一个男生用略带嘲笑的语气，突然插嘴道。

面对突如其来的插嘴，那位女生显得颇为尴尬，不好意思地点点头，然后坐了下来。

“对，这位同学说得有道理。在做化学实验时，我们一定要注意污染及安全等问题，因为很多化学实验试剂都是有毒的。同样的道理，在讨论问题的时候，我们也要注意别人的心理安全问题，因为某些不当的语言表达也是有毒的。刚才你的插嘴就带了一点儿毒辣的味道哦，这样别人的心灵会很受伤的。你以后可要注意语言表达的艺术哦，否则以后想找一个女孩拍拖都可能成问题呀。”

为了化解女生的尴尬，同时教育一下男生，我看着那个男生，缓缓地调侃道。

此时，大家都情不自禁地笑了起来。那位男生也不好意思地跟着笑。然后课堂继续。

锡言锡语

本案例中，教师运用了借力打力的幽默工具。

教师借化学实验试剂有毒，实验者要注意安全，提醒学生要注意语言表达是否有毒，然后调侃学生若不注意语言表达的艺术，极有可能以后拍拖都有问题。教师利用幽默诙谐的语言，对学生进行了巧妙的批评教育。

六、以调侃应对调侃

139. 中国好同桌

“恭喜小峰同学在这次课堂测试中取得100分，而且还是我们班唯一一个满分。”一节化学课上，我拿着课堂测试成绩表进行总结。

“老师，小峰的答案是我给他的。”这时，小峰的同桌小文（测试成绩80分，一位性格活泼开朗且爱插嘴搞怪的男生）突然插嘴调侃道。

“哦，原来是这样啊。想不到你为了让你的同桌小峰同学能拿满分，居然费尽心思，不但冒着被老师发现的风险为同桌输送答案，而且还把自己的正确答案有意改错了几个，你真是中国好同桌呀。”我看着小文，以其人之道还治其人之身，也对他调侃道。

听到我居然以这样的方式进行回应反击，小峰和其他学生都笑了起来。小文也有点儿不好意思地跟着笑。

经历这次课堂小插曲之后，小文在课堂上插嘴搞怪的坏毛病收敛了很多。

锡言锡语

本案例中，教师运用了以调侃应对调侃的幽默工具。

面对学生的插嘴搞怪调侃，教师没有采取传统的批评教育的方式应对，而是出人意料地采用以调侃应对调侃的方式，调侃学生为“中国好同桌”，对学生进行幽默诙谐的批评，让学生在愉快的气氛中反省自我，然后改掉毛病。

七、转换关系情景

140. 别把主人弄丢了

有一天，我正准备上课，赫然发现讲台上摆放着一本化学课本，询问旁边的学生才知道，原来是有个同学捡到放在那里的。

“同学们，请留意一下，谁的化学课本不见啦，请马上过来认领。”我扬起那本课本，对着大家喊道。

这时，一位男生快步走上前来，向那本课本瞧了一眼，然后不好意思地伸手过来，想拿回自己的课本。

“化学课本呀，现在请抓紧你主人的手吧，下次千万别再把你的主人弄丢啦。”我一边把课本递过去，一边看着那位男生调侃道。

面对我如此善意且幽默的批评，只见那位男生接过课本，脸上立即泛起不好意思的笑容。其他学生也跟着哈哈大笑。

锡言锡语

本案例中，教师运用了转换关系情景的幽默工具。

如果教师善于营造不同的关系情景，把一个情境的事物放到另一个情境里，让两个属于不同情景的事物，在同一个情景中出现，就会引发矛盾和错位的意外感幽默。

案例中，教师将学生保管课本的关系，转换为课本“抓紧”学生的关系，巧妙幽默地利用新的关系情境，不仅批评、提醒了学生要注意保管好课本，还让教师的表达变得更加诙谐有趣，耐人寻味。

八、活用成语

141. 面梯思过

“同学们，刚刚我在电梯里‘面梯思过’了几秒钟。”一天上课后，我看着学生，用略带愧疚的语气说道。

学生惊讶地看着我。

“因为昨天我布置的作业过多，导致很多同学即便竭尽全力，依然无法完成，个别同学甚至被那么多的作业吓得魂飞魄散，以致只是写了寥寥几笔就缴械投降了，这都是我的错呀，难道我不应该‘面梯思过’吗？”

学生马上明白了我的言外之意，都不好意思地小声笑了起来。

“以后我定会吸取教训，力求布置的作业不再超过大家的负荷，同时也请大家务必认真完成，否则需要‘面梯思过’的就换成你们啦，好吗？”

“好！”学生笑着齐声回应。

此后，学生的作业完成情况果然改善了很多。

锡言锡语

本案例中，教师运用了活用成语的幽默工具。

针对学生的作业完成得很糟糕的情况，教师活用成语“面壁思过”为“面梯思过”，用自我批评代替批评学生。教师如此巧妙地处理，有利于学生在诙谐幽默的气氛中进行深刻的自我反省。

—第五辑—

化解尴尬的幽默智慧

在课堂上，我们总会遇到一些意料不到的尴尬事件。例如，学生突然插嘴，教师口误被学生笑话等。遇到这些情况，教师通常有三种类型的应对策略。

化解尴尬的下策：严厉批评。这类教师秉承的理念是师道尊严，即教师的尊严不可侵犯和所谓的严师出高徒。所以，学生在课堂上的诸如调侃插话、笑话教师之类的行为就是对教师的大不敬，教师必须对这类学生进行严厉的批评教育，甚至停课进行教育。结果呢？学生表面上好像被管教得服服帖帖，但实际上口服心不服，甚至还可能会从心底里怨恨教师。因为在学生的眼中，他们的这些行为其实是无心为之或条件反射罢了，但是教师却抓住它们小题大做，甚至上纲上线，他们肯定是不认同教师的说教的。所以，在学生的心目中，教师的严厉批评体现了他们的粗暴及低素养。

化解尴尬的中策：冷处理。冷处理应该是很多教师经常采用的策略。大多数教师面对由课堂意外导致的尴尬事件，若事件不是很严重，都会尽量采取淡化处理的方式——一笑置之，然后继续上课。学生看到教师居然如此淡定，往往都会“见好就收”。因为一般学生都是有自知之明的，虽然教师没有直接批评教育他们，但是他们也深知教师的意图。同时，他们也会不自觉地对教师的冷处理肃然起敬，因为他们能感受到教师的克制和宽容大度。

化解尴尬的上策：幽默回应。面对课堂上突发的种种尴尬意外，教师若能根据当时的具体情况给予灵活的幽默回应，则会瞬间打破现场的尴尬气氛。师生之间的相视一笑，会瞬间拉近彼此的心灵距离，令师生关系更加融洽。学生不但会心悦诚服地接受教师的引导，还会从心底里更加敬重并喜爱教师，因为在他们的心目中，这样的教师是智慧、包容、热情且乐观的。

从教以来，我在教育过程中也曾遇到不少尴尬时刻，每次我都尽量采取幽默的方式回应，实践证明，幽默的处理方式非常受学生的欢迎。

一、自圆其说

142. 来自星星的你

一节化学课上，讲到蒸馏时，我当场举了石油蒸馏的例子。

“经过蒸馏，我们可以从石油中提取汽油、煤油、柴油等产品。”我解释道。

“还有酱油。”一位平时比较顽皮的男生突然插嘴，当众调侃起来。课堂气氛马上变得有点尴尬。

“酱油？哦，天哪！这位同学应该不是凡人吧，你吃的酱油竟然是从石油中提炼出来的？我们地球人吃的酱油可是用黄豆制作而成的哦，你应该是来自另外一个星球吧，欢迎来自星星的你（当时非常火的一部韩剧），以后还请多多指点。”我看着那位男生，微笑着调侃道。

全班同学大笑。那位男生也开心地咧嘴跟着笑。

锡言锡语

本案例中，教师运用了自圆其说的幽默工具。

面对调皮学生制造的课堂意外，教师没有按照指出问题、纠正错误的常理出牌，而是根据对方的思维模式顺水推舟，幽默地为学生寻找自圆其说的理由，从而制造笑点，让课堂尴尬在诙谐幽默的气氛中顺利化解。

143. 变态

一节化学课上，我正在讲有机物烷烃的物理性质。

“随着碳原子的增加，常温下烷烃的状态由气态变化到液态，再由液态变化到什么状态呢？”我问道。

“变态。”不知道是哪位学生冷不防地回了一句。全班同学刹那间安静下来，学生都看着我，等着我的回应。

“对，就是变态，改变了状态简称变态嘛。那么随着碳原子数的增加，烷烃变态到什么程度呢？”我不慌不忙地回应道。

“变态到固态。”全班同学笑着大声回答。

尴尬瞬间化解，精彩的化学课堂继续。

锡言锡语

本案例中，教师运用了自圆其说的幽默工具。

面对课堂小意外，在学生的思维走偏以后，教师根据对方的思维模式顺水推舟，幽默地为学生寻找自圆其说的理由，制造笑点，将学生的思维拉回正轨，让课堂尴尬在诙谐幽默的气氛中顺利化解。

144. 闻鸡起舞

一天下午，我正在上课，忽然从教室的某个角落传来了一阵轻微的手机铃声，那是一连串公鸡“喔喔喔”的啼叫声。应该是某位学生忘记关掉手机闹钟了，声音在教室里飘了几秒钟才停止。

正在上课的我本来不想理会这段小插曲，但是看到一些学生脸上挂着异样的表情。他们心神不宁的模样改变了我预定的教学进程。于是，我对大家说：“刚才大家都听到公鸡的叫声了吧，不知道是哪位同学在学公鸡啼叫呢。”学生大笑。

“我要谢谢那位勇敢而好心的同学。”听到我这样说，学生一脸的诧异，不知道老师的葫芦里装的是什么药。

“现在是下午的第一节课，这位同学看到不少同学都比较困，注意力没有集中在学习上，于是他就学公鸡啼叫几声，来唤醒那些打瞌睡的同学。那么现在就让我们一起来闻鸡起舞，继续认真学习吧，好吗？”我继续补充道。

“好！”全班同学笑着齐声回答。接下来的化学课堂依然精彩不断。

锡言锡语

本案例中，教师运用了自圆其说的幽默工具。

面对手机铃声突然响起来的课堂小意外，教师没有采用停课调查、寻找肇事者并严厉批评的所谓正统的处理模式，而是宽容对待，幽默地为学生寻找自圆其说的理由，制造笑点，不但为当事人解了围，而且对其他学生做了很好的交代，让课堂尴尬在诙谐幽默的气氛中顺利化解。

145. 化学神童

一天，我在某班上化学课，我们正在学习粗铜的精炼问题。

“综上所述，在运用电解池原理进行粗铜的精炼时，粗铜应该做阳极，小纯铜应该做阴极，经过精炼后，小纯铜最终就变成大纯铜啦。”我总结道。

“哦，小神童（纯铜）变大神童（纯铜）？”一位男生模仿我那蹩脚的普通话，小声调侃道。其他学生小声地笑了起来，现场有点尴尬。

“对，在学习了小神童（纯铜）变大神童（纯铜）后，我们全班同学都变成化学神童啦。现在请大家打开化学课本，继续开启我们的化学神童修炼之旅吧！”我接着那位男生的话调侃道。

学生大笑。精彩课堂继续。

锡言锡语

本案例中，教师运用了自圆其说的幽默工具。

面对课堂小意外，教师根据对方的思路顺水推舟，“以讹传讹”，对因学生的插话产生的窘境做出富有想象力的、玄妙的自圆其说，瞬间化解了尴尬，展现了教师幽默风趣的人格魅力。

146. 老师，您挡住我啦

一天，我在某班上化学课。我一边讲课，一边在黑板上板书。学生一边听讲，一边做笔记。

“老师，您挡住我啦，我看不到您的板书哇。”突然，坐在教室一侧的一位男生小声地抱怨道。

“哦，这位同学学习化学的热情太高了。大家看，这位同学记化学笔记是那么的迫不及待，甚至直接打断老师讲课，冒着可能被严厉批评的风险也在所不辞，真的是精神可嘉呀。”面对这突发的尴尬情景，我转过身，面向全班学生微笑着说道。

全班同学大笑。那位男生也欢快地笑。

笑声过后，课堂教学继续。

锡言锡语

本案例中，教师运用了自圆其说的幽默工具。

面对学生突然打断课堂的行为，教师宽容待之，幽默地为学生寻找自圆其说的理由。通过表扬学生制造笑点，教师让课堂尴尬在诙谐幽默的气氛中得到化解。

147. 实验视频中的错误

一节化学课上，我组织学生看一个从网上下载的实验视频。出乎意料的是，视频最后出现的字幕上，制作者居然把乙烯的碳碳双键错误地打成了碳碳三键。部分学生看到后，好像发现了新大陆似的，惊讶得叫了起来。课堂氛围显得有点尴尬。

“哦，如此小的错误都被你们发现了，你们真是了不起呀。想不到他们制作出来的视频也会有错误，真是百密一疏哇。为何会这样呢？也许是因为他们制作时加班加点，太累了吧。看来，制作者也不容易呀，看在他们‘揾食艰难’（广东方言，挣钱艰难的意思）的份儿上，我们这次就原谅他们的失误吧，好吗？”

“好！”学生纷纷笑着回应。

精彩课堂继续。

锡言锡语

本案例中，教师运用了自圆其说的幽默工具。

课堂上，学生看到视频有误后惊叫导致场面尴尬，教师幽默地对此进行自圆其说——制作人太累导致，并调侃他们“揾食艰难”，我们需要谅解他们。教师以此来逗趣学生，巧妙地化解了尴尬。

148. 逃兵

“请 6 号来回答这个问题。”一节化学课上，我随机抽查学生。

“老师，6 号今天请假啦。”有个学生小声提醒。

“那就请 16 号来回答吧。”我随机应变道。

“老师，16 号也请假啦。”一些学生开始小声地哄笑起来。

天哪！居然连续两次都提问到请假的学生，实在是太不凑巧了。那一刻，站在讲台上的我显得有点尴尬。

“哦，他们两个都请假啦。看来，他们可能事先就知道今天我要向他们提问，为了避免回答不出来的尴尬，所以就早早请假溜走啦。请各位同学回去转告他们，以后不要提前做逃兵了。倘若日后课堂上提问时，他们实在答不出来，我特许他们现场逃跑，且绝不追捕。”我看着学生，微笑着调侃道。

学生哈哈大笑。我的尴尬化解。

锡言锡语

本案例中，教师运用了自圆其说的幽默工具。

面对连续提问两位学生都落空的尴尬，教师幽默地为此事寻找自圆其说的理由：学生是为了避免提问回答不出来的难堪而事先请假溜人。教师通过诙谐的调侃，既逗趣了学生，又化解了尴尬。

149. 终于等到你

一节化学课上，我让学生轮番在黑板上做题。

前两位学生做得挺好的，但是第三个上来的小曹（一位性格活泼外向的男生）做出来的答案却错得非常有“特色”。

许多学生看着黑板上奇葩的错误，都禁不住小声笑起来。小曹大概猜到了原因，表情略显尴尬。

“终于等到你。”我看着黑板突然哼唱起来。

听到我莫名其妙的哼唱，学生疑惑地安静下来。

“我已经很久没有看到如此经典的错误了。其实，我之前一直想强调此类错误的，无奈总是找不到时机，现在我终于等到了。谢谢小曹同学顶着被同学笑话的压力，在这里把此类错误呈现出来。好，现在就让我们一起来分析以后该如何避免再犯此类错误吧。”我看着学生，微笑着调侃解释道。

小曹及其他学生都开心地笑了起来。随后，全班同学再次神采奕奕地投入课堂。

锡言锡语

本案例中，教师运用了突然哼唱 + 自圆其说的幽默工具。

当学生做题犯了典型错误时，教师没有板着脸严厉地批评教育，而是通过一句幽默的哼唱进行调侃，然后对歌词进行自圆其说的解释，不仅巧妙地为学生解了围，化解其尴尬，而且让全体学生对此类错误有了更深刻的印象，达到了两全其美的教育效果。

150. 实验失误

课堂上，我正在演示一个化学实验。殊不知突发意外，我一不小心将几滴氢氧化钠溶液洒到了手上。我连忙放下仪器，跑出教室，来到教室外面的水龙头处用水冲洗。

当我再次回到教室时，学生都睁大眼睛惊讶地看着我，令我颇为尴尬。

“同学们，刚才我为了现场演示何为错误操作及药物洒在手上后该如何处理，冒着巨大的危险，不惜牺牲了手上几千万个细胞哇。难道大家不应该给我一些掌声吗？”我看着学生，微笑着解释道。

教室里顿时笑声四起，然后掌声雷动。

接下来，学生精神抖擞地投入课堂。

锡言锡语

本案例中，教师运用了自圆其说的幽默工具。

当教师实验不慎失误，将溶液洒在手上，身处窘境时，为了化解尴尬，教师顺势将错就错：此举乃是特意为学生现场演示。教师幽默地为自己的失误寻找了一个自圆其说的理由，既轻松地为自己解了围，也赢得了学生的理解。

151. 悄悄话

“大家对这道题还有疑问吗？有疑问的请举手。”课堂上，我讲解完一道题目后，看着学生提问道。

只见小珠（一位性格内向的女生）快速地举起了手。

“请小珠同学说出你的困惑。”我看着小珠示意。

小珠站起来陈述她的问题，但是声音太小了。其他学生都看向她，表示听不清楚。我连忙示意小珠能否大声一点儿。小珠只得复述一次，但声音还是太小。其他学生依然表示听不清楚。现场有点尴尬。

我马上走到小珠跟前，让她在我耳边再次复述问题。然后，我走上讲台对着大家说："不好意思，小珠同学有点害羞，以致声音比较小。谢谢小珠同学视我为男闺蜜，刚刚她已经通过悄悄话的形式告诉我了。"

此时，小珠看着我莞尔一笑。其他学生也跟着开心地笑起来。

"好，现在我就根据小珠同学的疑惑进行公开的讲解吧。"我也笑起来。

接下来，精彩课堂继续。

锡言锡语

本案例中，教师运用了自圆其说的幽默工具。

面对学生在陈述自己的学习疑惑时由于声音太小导致的尴尬，教师主动走到学生跟前倾听，然后给予自圆其说的解释：因害羞而声音小，因视老师为男闺蜜而说悄悄话。教师幽默的调侃既化解了尴尬，又拉近了师生之间的距离。

152. 抬杠

"请大家打开刚发的作业本核对答案。"课堂上，我把答案投影出来，提醒学生道。

"老师，您怎么漏改了我的作业呢？"这时，男生小金冷不防地插嘴问道，这是一位性格直爽且爱调侃抬杠的男生。

听到小金如此直接的质问，其他学生都齐刷刷地看向我。

"哦，真抱歉，可能是你的作业写得太好了。我一直以来都有一个小毛病，那些写得太好的作业总是让我着迷，让我忘记动笔批改。谢谢你的提醒，下次我会注意的。"我看着小金，不慌不忙地微笑着调侃解释道。

小金开心地笑了起来。其他学生也跟着小声笑起来。精彩课堂继续。

"请大家一定要把这些重点内容抄在笔记本上，否则几天后大家极有可能又忘记。"我指着黑板上的内容，向学生强调道。

“老师，您是在怀疑我们的能力吗？”此时，小金居然再次笑着插嘴抬杠。其他学生惊愕地看着我，等待着我的回应。

“其实，我这样说，并不是怀疑你们的能力，而是怀疑我的能力呀。只怪为师能力有限，不能让大家通过一节课就牢记这些知识点，所以才提醒大家做好笔记，方便以后经常‘温故而知新’哦。”我看着学生，微笑着且语重心长地调侃解释道。

“好！”学生纷纷笑着为我鼓掌。小金也开心地加入其中。

此后，小金在课堂上很少调侃抬杠了。我们的师生关系也变得更加和谐融洽。

锡言锡语

本案例中，教师运用了自圆其说的幽默工具。

面对学生的两次直接质疑抬杠，教师没有为了维护所谓的师道尊严而对学生进行严厉的批评教育，而是根据学生的质疑随机应变，进行幽默的自圆其说式的解释。教师在逗趣学生、化解尴尬的同时，更让学生为教师的幽默机智、豁达胸怀而折服。

二、自嘲

153. 人生短板

一节化学课上，我正在黑板上板书。由于板书内容太多、粉笔字也写得过大，我写着写着，发现黑板居然写不下了。无奈，我只得往黑板的上方找位置，但由于身高不够，我只好拿着粉笔踮起脚尖伸直手往上写。我写着写着，突然重心不稳，整个人差点向后仰倒。学生看到我的窘态，情不自禁地小声笑了起来。

“哦，让大家见笑了，我努力地踮脚尖，暴露了我的人生短板哦。看来，我以后还得多锻炼、多补充营养才行！”我看着学生，自我调侃道。

学生大笑。我的尴尬化解。精彩课堂继续。

锡言锡语

本案例中，教师运用了自嘲的幽默工具。

自嘲，指的是通过嘲笑、讽刺自己，让听者产生一种优越感，从而觉得轻松好笑的幽默策略。自嘲不会伤害其他人，是最安全的语言艺术。心理学有一个“白璧微瑕”效应，也叫犯错误效应，是指那些有才能的人偶尔犯一些小小的错误，反而更有人际吸引力。

自嘲的内容应是自己能接受的小缺点或小糗事。只要教师对那些自己能接受的小缺点或小糗事进行适当的加工，就可以找到很好的幽默素材。例如，名字、身高、身材、外貌、年纪、收入等可以作为常用的自嘲材料。比如：

关于名字，“我叫李桃，李子的李，桃花的桃”。

关于身高，就如案例中的，“我努力地踮脚尖，暴露了我的人生短板”。

通过自嘲让学生笑，学生会觉得教师挺乐观的，从而更欣赏教师，更觉得教师可爱。

法国文学家罗曼·罗兰说：“世界上只有一种真正的英雄主义，那就是认清生活的真相后依然热爱生活。”

懂得自嘲的教师，就是生活中真正的英雄。

154. 为师今天很受伤

一天，在某班上化学课时，我像往常一样打开投影仪，殊不知屏幕上出现了一张学生的照片（应该是某位学生不小心保存的）。学生见状纷纷大笑起来。面对此尴尬场面，我却沉默不语。

几秒钟后，我看着学生，用略显伤感的语气说道：“为师我今天很受伤，很伤心哪。”

学生马上安静下来，一脸愕然。

“以前上课时，站在讲台上的我，是你们关注的焦点。今天，我的风头却被这张照片无端地抢去了。你们说，一直以来站在这里风光无限的我，能不黯然神伤吗？”我看着大家，微笑着调侃道。

学生都笑了起来，然后重新把目光集中在我的身上。

“照片上的这位同学，今天就不要怪为师心狠手辣哦。”说完，我迅速将照片删除，并把上课内容投影出来。

学生又笑了起来，然后愉快地投入化学课堂。

锡言锡语

本案例中，教师运用了自嘲的幽默工具。

面对类似案例中突然出现的课堂尴尬一幕，教师一般会采取冷处理，以假装看不见的方式来应对，这也不失为一种冷静的智慧。但若教师能根据具体情况，在适当的时候采取如案例中的教师这样的方式，和该照片争风吃醋式自嘲的幽默工具进行应对，不但可以巧妙地化解尴尬，还能让学生感受到教师的幽默可爱，并拉近师生之间的心理距离。

155. 自作多情

一天，在某班上课前，我看到讲台上躺着一张无人认领的化学试卷。我拿起来一看，发现试卷上居然没有写名字。

“这是谁的试卷？请上来领回去。”考虑到我即将讲评该试卷，于是我拿起来，向全班学生问道。

这时，一位男生急切地向我走过来。于是，我拿起试卷迎上去递给他。

不料，他却向我摆摆手，表示试卷不是他的，然后径直走上讲台，拿起黑板擦擦起黑板来。哦，原来他是值日生。

学生好奇地看着我。我则拿着试卷，略显尴尬地站在讲台上。

“啊，原来是我自作多情了。今天，我终于领会到了，自作多情的感觉是多么尴尬。请试卷的主人快快上来吧，莫让为师继续站在这里自作多情啦。”我看着学生，一脸苦笑地自嘲道。

学生看着如此“可怜”的我，都忍不住笑了起来。

这时，试卷的主人终于现身，他不好意思地笑着走向讲台，领回了试卷。

笑声过后，课堂继续。

锡言锡语

本案例中，教师运用了自嘲的幽默工具。

教师通过自嘲自己的自作多情，既巧妙地化解了尴尬，又制造了宽松和谐的课堂氛围。

156. 一个错字

一节化学课上，我正在黑板上快速板书，没想到忙中出错，把“酒精”的“酒”字写成了“洒”字。

“老师，那个‘酒’字写成‘洒’字啦。”几位学生反应敏捷，马上直接且“无情”地指出了我的错误。

那一刻的场面确实有点尴尬。

“谢谢大家的提醒。都怪我平时总是滴酒不沾，连别人敬酒我都不喝。大家今天看到啦，‘酒’终于要报复我啦，我要写它，它不肯出来，还找了一个替身‘洒’让我当场出丑呢。我也真糊涂，就这样被它骗了，好在大家一语惊醒梦中人。”面对学生的提醒，我马上把错字改正过来，然后看着学生，自嘲调侃道。

学生哈哈大笑。我的尴尬化解。精彩课堂继续。

锡言锡语

本案例中，教师运用了自圆其说 + 拟人化 + 自嘲的幽默工具。

面对一个错字的尴尬，教师对“酒”字进行拟人化处理，解释是

“酒”在报复他，然后自嘲“真糊涂”。教师此举既逗趣了学生，又化解了尴尬。

157. 为师的自我惩罚

有一天，我在某班上化学课，由于特殊原因上课迟到了 5 分钟，结果在下课铃声响起后，还剩一些内容没有讲完，我不得不继续讲下去。这时，有几位男生显得有点儿不耐烦了。顿时，课堂上的气氛显得有点儿尴尬。

“今天我因笨手笨脚导致上课迟到，所以，为师要自我惩罚拖堂几分钟，请大家包涵、支持。”见此情景，我看着大家调侃道。

学生大笑。那几位男生也跟着笑。我则在 3 分钟后结束了课程。

锡言锡语

本案例中，教师运用了自嘲的幽默工具。

针对自己的拖堂行为，教师若一本正经地解释，学生极有可能会反感。案例中，教师自嘲因为笨手笨脚导致迟到，把拖堂行为解释为自我惩罚，制造了轻松一刻，消除了学生的抵触情绪。课堂尴尬在诙谐幽默的气氛中顺利化解。

三、拟人化

158. 惩罚手机

有一天，我正在某班上课，放在口袋里的手机突然响了起来。原来，我在上课前忘记将其调为静音模式了。

我连忙掏出手机，先挂掉电话，再调为静音模式。那一刻，全班学生都看着我，部分学生的脸上还带着坏笑。我觉得有点儿尴尬。

“同学们，对不起呀，今天我竟然忘记将手机调为静音模式了，这属于严重失误。下课后，我会找到你们的班主任，主动上交手机，让他严肃处理，罚它三天三夜不吃饭。”我对着全班学生一边道歉，一边指着手机调侃道。

学生笑着为我鼓掌。我的尴尬化解。精彩课堂继续。

锡言锡语

本案例中，教师运用了拟人化的幽默工具。

教师把手机拟人化，要“罚它三天三夜不吃饭”。教师幽默的表达方式瞬间逗乐了学生，化解了手机突然响起来的尴尬。

159. 我一定会回来的

有一天，我正在课堂上演示化学原电池的实验，突然出现了颇为意外的一幕：由于导线接触不良，没有电流出现。我不甘心，再演示一次，依然以失败告终。

学生们期待地看着我，然后情不自禁地发出了惋惜的感叹声，现场显得有点儿尴尬。

“同学们，非常遗憾，实验失败了。不过刚刚这套实验装置托我传一句话给大家。”我看着学生，突然说道。

学生惊讶得睁大眼睛。

“这句话就是：我一定会回来的。”（动漫《喜羊羊与灰太狼》中每一次灰太狼失败后都会说的经典台词。）

哦，这套实验装置在老师眼中居然变成了既打不死也永不言败的灰太狼！

学生一怔后恍然大悟，然后开心地哈哈大笑起来。接下来，课堂继续在愉快的气氛中进行。

“同学们，我回来了。”第二天的化学课堂上，我拿出原电池实验装置后，看着学生大声喊道。

学生愉快地大笑起来，然后响起了热烈的掌声。

这一次，由于我事先对实验装置进行了改进，实验非常成功。

锡言锡语

本案例中，教师运用了拟人化的幽默工具。

面对实验装置出现意外的尴尬，教师巧妙地将实验装置拟人化为不甘服输的灰太狼，同时向学生传达：下节课继续做该实验。失败不可怕，只要吸取教训，完全可以做到从哪里跌倒就从哪里爬起来。教师通过逗趣、激励学生化解了尴尬。

四、谐音

160. 佛就在我们的心中

“同学们，请大家根据原子守恒原理，思考这条化学反应的产物氟化氢中的氟来自哪里？氟是存在于反应物 A 中，还是存在于反应物 B 中？”一节化学课上，我在讲解一道习题时，向学生提问。

这时，我看到男生小斌刚把手举起，却又迅速放了下来。他想回答，却又信心不足。看此情景，我决定主动给他一个机会挑战自我。

“请小斌同学来回答，好吗？”我看着小斌，热情地邀请道。

“氟应该在 A 中。不，应该在 B 中。哦，好像错了，应该是在……”小斌站起来思索着回答，但是却犹犹豫豫。顿时，他陷入了尴尬的境地。

“哦，难为小斌同学了。为何他无法确定氟在哪里呢，因为氟根本就不在 A 或者 B 中啊。”我看着全班学生，为小斌解围道。

学生被我这样的解释彻底弄糊涂了，满脸疑惑地看着我。

“因为佛就在我们心中啊，所以肯定不在A或者B中呀。”我突然转用广东话解释道。（广东话“佛”和“氟”同音。）

我蹦出这句话后，学生一开始还是愕然的，然后瞬间就明白了是怎么回事儿，都哈哈大笑起来。小斌也开心地跟着大家笑。

笑声过后，精彩课堂继续。

锡言锡语

本案例中，教师运用了谐音的幽默工具。

一元思维遵守的是同一律，是指在进行同一思维的过程中，我们必须在同一意义上使用概念及判断，它是科学的理性逻辑。教师在平时的教育中，为了达到幽默效果，给予学生意外惊喜，可以考虑突破一元思维的思维定式，运用二元思维。如此可以让学生在出乎意料的惊讶中顿悟另一种新的逻辑，让师生在彼此会心一笑中增进感情。

二元思维的要点就是要找到两个同时存在的错位逻辑。例如，教师找学生谈话，学生想拒绝，于是说：“老师，我想静静。”教师可以幽默地回应：“静静是谁？”当学生一下子被逗乐时，就可能会乐意接受教师的谈话要求。“静静”在这里有两个意思：冷静或人名。如果“我想静静”属于第一种逻辑，即想独自冷静一下，那么“静静是谁”则可以是第二种逻辑，即一个名字叫“静静”的人。如此就自然展现出较好的幽默表达效果。

除了可以利用一词多义来构建二元思维外，还可以利用谐音。

案例中，教师利用“氟”的谐音“佛”，构建了二元思维。在第一种逻辑中，学生不知道氟在哪里。于是，教师利用第二种逻辑，“佛就在我们心中”，来为学生解围。教师通过谐音引入新逻辑，让学生的尴尬立即烟消云散。

161. 小心

“同学们，大家一定要注意碳是四键的，千万不要漏了氢原子或多了氢原子呀，以后在书写的时候，一定要小心，一定要小心，一定要小心哦！”有一天在某班上课，我在为学生分析某个问题的时候故意提高了音量强调道。

我刚说完，突然发现很多学生居然都扭头看向班上的一位女生，然后都笑了起来。那位被大家围观的女生也有点儿尴尬地笑着。

我连忙瞄了一下座位表，哦，原来那位女生的名字是“晓欣”，和我刚刚强调的“小心”同音呢。怪不得学生有如此表现。

“哦，原来晓欣就在我们班呀！谢谢晓欣同学，我们班因为有了你的存在而倍加荣幸啊。在你的提醒下，大家以后做题肯定会更加小心的。让我们用掌声谢谢晓欣同学吧。”我看着大家调侃道。

学生大笑且纷纷为晓欣鼓掌。晓欣的脸上也绽放出灿烂的笑容。

锡言锡语

本案例中，教师运用了谐音的幽默工具。

教师将本来没有关系的事物联系搭配到一起，产生了幽默的效果。教师通过感激学生，既化解了学生的尴尬，又巧妙地提醒学生今后做题要小心。

五、夸张

162. 锡哥一声，全班一震

有一天，在某班上课，我正在专注地讲评一份试卷，学生在认真地听讲。突然，我的鼻子酸痒，冷不丁儿地打了一个响亮的喷嚏。面对这突然的声音，很多学生都情不自禁地小声笑了起来。虽然我明白这笑声是无心之举，但我还是决定给予他们一些积极的回应。

“看来我的能量真大呀！你们看，锡哥一声，全班一震——锡哥打一声喷嚏，全班都要震一震呢。”我看着学生，夸张地自吹自擂道。

学生大笑。

“近来天气转凉了，大家可要注意保暖哦。不然的话，就算你们身体健壮如锡哥，也有感冒的风险的。”我看着学生，以调侃的语气关切地提醒道。

学生笑着频频点头，然后继续安静上课。

锡言锡语

本案例中，教师运用了夸张的幽默工具。

面对一个突然而来的喷嚏带来的小尴尬，教师诙谐地将其形容为“锡哥一声，全班一震”，既逗趣了学生，又化解了尴尬，还让学生感受到教师的可爱。最后教师还顺势表达了对学生的关心，让学生因此而感动。

163. 质疑的精神

有一天，在化学课上，我准备做一个演示实验。

“同学们，这两个试剂瓶分别装的是 0.1 摩尔 / 升和 0.2 摩尔 / 升的稀硫酸溶液。”我指着讲台上的两瓶实验用品，向学生解说道。

“老师，我对它们的浓度表示怀疑，因为它们不是由我亲自配制的。”这时，班上一位男生冷不防地举手插嘴质疑道。

这时，班上突然安静下来，学生的目光都投向这位半路杀出来的“程咬金”，现场气氛有点尴尬。

“我对你的质疑精神表示万分的敬佩，你完全有成为一名科学家的潜质呀。不过，这堂课就暂时相信我们实验室的专职实验员配制的溶液的准确性吧。下课后，如果你还有疑问的话，我可以带你到实验室由你亲自配制。不过，你可千万不要抢了我们实验室专职实验员的金饭碗哦。”我看着那位男生，先表扬后调侃道。

学生大笑。那位男生也笑。接下来实验继续进行。

锡言锡语

本案例中，教师运用了夸张的幽默工具。

当课堂氛围因为学生的当面质疑而变得尴尬时，教师先表扬学生的质疑精神，然后夸张地调侃“不要抢了我们实验室专职实验员的金饭碗”，课堂尴尬在笑声中被愉快地化解。

164. 武林秘籍

“同学们，关于盖斯定律如何应用的问题，我总结了以下几句解题口诀，请大家把它们抄写下来。”化学课堂上，我一边投影，一边提醒学生。

“老师，我看不懂这些口诀呀。”突然半路杀出个“程咬金”——一位男生小声地抱怨道。课堂顿时陷入尴尬中。

“哦，看不懂很正常呢。此口诀并非一般的口诀也，它们乃为师修炼多年总结出来的，所以它们又被称为‘锡哥口诀’。‘锡哥口诀’就像《九阴真经》等武林秘籍一样，非一般人能懂也，唯有听锡哥细细道来方可理解，大家现在想听吗？”我故意一本正经地说道。

“想！”学生大笑着齐声回答。

尴尬化解。学生又全神贯注地投入课堂。

锡言锡语

本案例中，教师运用了夸张的幽默工具。

面对学生当场抱怨看不懂口诀的尴尬，教师没有直接批评教育学生，而是另辟蹊径，把口诀夸张为非一般的武林秘籍，既通过逗趣学生化解了尴尬，又进一步激发了学生的求知欲望。

六、顺水推舟

165. 抄来的 100 分

一节化学课上，我正在表扬课堂测试表现优秀的学生。当念到一位女生（一位成绩优秀、遵守纪律的学生）为 100 分时，下面竟然有一位男生（一位喜欢调侃、爱搞怪的学生）笑着调侃说："她的 100 分是抄来的。"

我停顿了 2 秒钟，然后说："喔，她的 100 分的确是抄来的。"

全班同学顿时安静下来。

"经调查，她的 100 分的确全部抄自她的大脑。"我继续不慌不忙地补充道。

"好。"全班同学大笑，继而鼓掌。

那位女生一边开心地笑着，一边感激地看着我。男生也边笑边点头。

尴尬化解。精彩课堂继续。

锡言锡语

本案例中，教师运用了顺水推舟的幽默工具。

面对调皮学生制造的某些尴尬事件，教师完全不必勃然大怒、严厉批评，可以根据具体情况"顺水推舟"地进行幽默化的处理。案例中，教师顺着学生的思路，指出"她的 100 分的确是抄来的"，然后来了一个急转弯——"抄自她的大脑"，既回击了男生的调侃，又巧妙地维护了女生的尊严，可谓两全其美。

166. 蝴蝶舞

有一天，我正在上课。突然一只蝴蝶从外面飞了进来，学生好像发现了新大陆似的，所有人的目光刹那间都集中到蝴蝶身上了。

"哦，看来大家上课都累了，那我们现在就休息一下吧。请大家马上进入休息状态，跟我一起欣赏这只美丽的蝴蝶为我们带来的精彩的蝴蝶舞吧。”我面向全班学生调侃道。

听到我居然这样说，学生都小声地笑了起来，然后我们继续把目光聚焦到那只蝴蝶身上。

过了大约 1 分钟，蝴蝶从教室飞到了窗外。

“好，让我们以热烈的掌声谢谢那只带给我们精彩表演的蝴蝶吧。”我看着学生，带头鼓起掌来。

学生大笑，也跟着我鼓掌。

掌声过后，学生精神抖擞。精彩课堂继续。

锡言锡语

本案例中，教师运用了顺水推舟的幽默工具。

面对突然飞进来“捣乱”的蝴蝶，面对学生的分神举动，教师没有剑拔弩张，而是顺应当时的情景，引导学生一起欣赏蝴蝶舞。教师如此幽默的举动，既化解了课堂尴尬，又激活了课堂气氛。

七、活用历史典故、词语

167. 荆轲刺秦王

有一天，我在某班上课时，一位女生突然从座位上站起来，径直奔向讲台，走到我的身边。面对一脸惊愕的我，那位女生小声地对我说：“老师，我想看看我的化学资料是否落在了讲台上。”我一下子明白过来，因为我当时正在讲评那份资料上的试题，那位女生的资料却没有发下去，也许是留在讲台上了。

我往讲台上看了一眼，她的资料果然在那里。

我把资料拿起来，双手递给她，同时大声对她说：“好了，现在终于物归原主、完璧归赵了。不过刚才你的举动还真是吓了我一跳，我还以为你想在大家面前表演一出‘荆轲刺秦王’的好戏呢。”

看到我居然如此调侃，学生哈哈大笑。女生也抿着嘴笑。

笑声瞬间化解了刚才教室里的尴尬。笑声过后，精彩课堂继续。

锡言锡语

本案例中，教师运用了活用历史典故的幽默工具。

教师把“荆轲刺秦王”的情景活用迁移到学生走上讲台寻找资料的情景中，教师引经据典，于幽默中化解了尴尬。

168. 快乐的时光总是短暂的

有一天，我到某班上课。上课铃声响起，当我走进教室的时候，却发现讲台上还有一大群学生正围着数学老师问问题。

面对这尴尬的一幕，我该如何处理呢？

“同学们，快乐的时光总是短暂的。一眨眼，我们的数学课已经结束10分钟了，第二节课已经开始啦。请大家迅速回到座位上，用热烈的掌声欢送带给我们数学乐趣的数学老师离开教室，回到办公室休息吧。”我看着学生大声说道。

听到我居然如此提醒他们，学生及数学老师都情不自禁地笑了起来。那些学生马上离开讲台走向自己的座位，数学老师也得以“安全撤离”。

接下来，开始上化学课。

锡言锡语

本案例中，教师运用了活用经典语句的幽默工具。

教师运用一句学生平时耳熟能详的“快乐的时光总是短暂的”，巧妙幽默地化解了课堂尴尬。

八、先铺垫后抖包袱

169. 第三个问题

“同学们，下课前我要再次强调以下三个问题。”一天，最后一节是化学课，离放学还有 5 分钟，部分学生的眼睛已经瞄向教室前面的挂钟。瞧着他们迫不及待的样子，我只得再次提醒他们。

当我讲完第二个问题时，下课铃声骤然响起。我顿时觉得有点儿尴尬。“还有第三个问题没有讲，要拖堂吗？”我犹豫了几秒钟。

“第三个问题就是——下课。”在下课铃声中，我微笑地看着学生大声说道。

学生顿了顿，恍然大悟，随后笑着鼓掌。课堂结束。

锡言锡语

本案例中，教师运用了先铺垫后抖包袱的幽默工具。

面对没有时间讲第三个问题的尴尬，教师巧妙地利用前面的内容“我要再次强调以下三个问题”作为抖包袱的铺垫，最终以“第三个问题就是——下课”收场，简短利落地抖开了包袱，让学生在笑声中按时放学，同时非常幽默地化解了自己的尴尬。

170. 为师最佩服的三个人

有一天，在化学课上，因为要让学生自己动手做一个实验，所以实验开始前，我先让学生看一段实验视频。

视频里的教师一边做实验一边讲解，教师实验操作非常规范，但是普通话却具有地方特色，方言味很浓重。学生一边听，一边笑个不停。课堂氛围有点尴尬。

视频放完后，我看着全班学生说道：“在这个世界上，我最佩服的人有三位。”

“第一位是牛顿。”说完，我停顿了一下。

“第二位是爱因斯坦。”说完，我又停顿了一下。

“第三位是……”我再次停顿了一下。这时，下面有部分同学已经说出了部分科学家的名字。

“第三位是刚才视频里做实验的教师。”学生安静，眼神中流露出一丝狐疑，仿佛在问我为什么。

“因为虽然她的普通话非常糟糕，但是她一点儿也不因此而妄自菲薄，也不怕在座的各位同学笑话她，而是满怀信心地讲解，讲得津津有味、头头是道，让我这个普通话同样糟糕的老师也听得清清楚楚、明明白白，了不得呀！同学们，你们的普通话比我的好多了，那就肯定比我听得更加清楚明白啦。”我看着大家，微笑地解释道。

学生大笑，纷纷点头。尴尬化解。

“既然大家已经清楚这个实验的步骤了，那么现在就马上开始动手做实验吧。”

接下来，全班学生认真地投入实验。

锡言锡语

本案例中，教师运用了先铺垫后抖包袱的幽默工具。

面对学生笑话视频中做实验的教师的尴尬，教师先用自己最佩服的两位科学家做铺垫，然后抖出包袱，通过赞扬视频中教师的可敬之处，在化解尴尬的同时，很自然地把学生的注意力再次拉回到课堂上来。

九、接近联想

171. 沛公的秘书

一年教师节，我收到一张很特别的贺卡，上面写着："陈老师，教师节快乐！猜猜我是谁？我就是沛公的秘书，哈哈！"

看到这句话，我会心一笑，想起一件发生在那年高一上学期开学第五周的一节化学课上的事情。

"陈晓明 83 分，林沛颖 85 分。"我对着花名册把那次测试成绩优秀的学生的名字及分数都念出来表扬一番。当我念到林沛颖时，学生突然小声地笑了起来，我停下来问："怎么回事儿？"马上有个学生笑着回答："老师，您这次终于念对沛颖的名字了，您之前可是一直把她称为颖沛呢。"

哦，我猛一回想，之前还真有这么回事儿呀。我只是沛颖的科任教师，对她的名字不熟，记得第一次称呼她的时候，我只是匆匆看了一眼贴在讲台上的花名册，然后就错误地把她称为颖沛了。怪不得之后我每次称呼她为颖沛时，她都是微笑着回应我呢。

当我喊对沛颖的名字的那一刻，我看向沛颖，她依然只是微笑，但是我却陷入了尴尬。

"噢，真的挺对不起沛颖同学的，想不到我已经深深地伤害你一个月了。记得之前我每次喊错你的名字的时候，你都是微笑着没有责骂我，太难为你了。俗话说，'大人不计小人过'。请你不计老师过，原谅老师，好吗？"我看着沛颖，非常诚恳地用调侃的方式"哀求"道。

见此情景，学生都笑了起来。沛颖也跟着笑，然后对我连连点头，表示她的谅解。

"谢谢颖沛同学的原谅。"化解尴尬后，我颇为轻松地看着大家，然后情不自禁地说道。

瞬间，学生又大笑起来。原来，一个月来已经习惯的口误，在我放松的状态下居然条件反射般地又出现了。尴尬再一次袭来。

“啊，怎么会这样呢，真是没天理呀，我怎么能再次犯错呢。难道是那个颖沛已经深深地刻在我的脑海中，我无法再把她赶走？哦，我要想一个办法把她驱逐。哦，我想到了，山人自有妙计。同学们，你们能猜到是何妙计吗？”我看着学生，故作神秘地问道。

学生都非常好奇地看着我，眼神中充满期待。

“大家还记得《鸿门宴》吗？‘项庄舞剑，意在沛公’。”

“记得。”

“现在，我就郑重地当着大家的面，把沛公请到我的大脑中。”

学生更加疑惑地看着我，不知道我的葫芦里究竟装的是什么药。

“沛公进来后，颖沛就被他赶走了，然后，沛公的秘书沛颖就跟着进来了。我呢，也牢记了：因为先沛后公，所以先沛后颖。”我看着学生，继续调侃道。

学生见我现场编出如此幽默的“剧本”，都大笑着鼓起掌来。沛颖呢，看到自己竟然成了鼎鼎有名的沛公的秘书，也开心地笑了起来。

此后，我再也没有喊错沛颖的名字。

锡言锡语

本案例中，教师运用了接近联想的幽默工具。

联想思维，指的是从甲事物想象到乙事物，最终巧妙地找到问题解决方案的创新思维方法。本案例就运用了接近联想思维的幽默工具。接近联想，指的是对事物的某些方面进行相似性想象，产生某些新设想的思维方式，使人将同时或先后经历的两个事件相关联，从而找到更多应对问题的思路。

案例中，因为两个名字中都包含“沛”字，所以教师利用接近联想，从沛颖联想到沛公，把沛颖的名字和沛公进行关联，制造出意想不到的幽默效果，巧妙地化解了课堂尴尬。

书中使用的幽默工具

夸张

先铺垫后抖包袱

拟人化

自嘲

谐音

相关联

类比联想

接近联想

自圆其说

自相矛盾

借题发挥

借力打力

顺水推舟

以调侃应对调侃

偷换概念

转换关系情景

制造典型事件间接批评

旁敲侧击间接批评

反向批评

突然哼唱

活用成语、典故

活用歌词、俗语、名言、书名

活用诗词、流行语、名字、哲学命题

致 谢

本书能够顺利出版是我莫大的荣幸，我要感谢许多人。

感谢我的学生。在同事面前，我是一个信奉“沉默是金”的人，但是，当我和学生在一起的时候，当我站在讲台上的时候，我会瞬间“变脸”，变得激情澎湃、神采飞扬。教育是度人度己的事业，一路走来，学生在成长，我也在成长。感谢我的学生总是给予我积极的回应，正是因为他们，我才能成长为一名越来越有幽默感的教师。和学生在一起的那些幸福的点点滴滴让我明白：教师无私的爱心、宽广的胸怀，以及平等和谐的师生关系，是幽默施教顺利开展的重要前提。

感谢源创图书的王玉梅老师。如果没有王老师专业的修改建议和对书稿的精心打磨，本书就不会与读者见面。这次合作让我终身受益。

感谢《班主任之友》教育论坛的邓曾丽老师、安明星老师和于松峰老师。感谢邓老师逐字逐句地看完了全书，同时提出了许多精辟的见解，让本书最终变得更接地气，更能引起读者共鸣。感谢安老师和于老师多年来在论坛上对我的鼓励和指导，让我在前进的道路上充满了力量。

感谢梁新明校长、林炳持副主任、杨惠平老师、李淑英老师。

感谢广东省杨唐靖名教师工作室的主持人杨唐靖老师及工作室的各位学员。在本书的写作和修改过程中，他们给予我很多宝贵的意见和建议，感谢他们为本书的顺利出版所付出的努力。

谢谢大家！

图书在版编目（CIP）数据

幽默感：成为学生更喜欢的老师 / 陈锡著 . -- 北京：中国人民大学出版社，2022.3
ISBN 978 - 7 - 300 - 30413 - 7

Ⅰ. ①幽… Ⅱ. ①陈… Ⅲ. ①幽默（美学）—应用—教学研究 Ⅳ. ①G420

中国版本图书馆 CIP 数据核字（2022）第 038372 号

幽默感：成为学生更喜欢的老师
陈锡 著
Youmo Gan: Chengwei Xuesheng Geng Xihuan de Laoshi

出版发行	中国人民大学出版社		
社　　址	北京中关村大街 31 号	**邮政编码**	100080
电　　话	010 － 62511242（总编室）		010 － 62511770（质管部）
	010 － 82501766（邮购部）		010 － 62514148（门市部）
	010 － 62515195（发行公司）		010 － 62515275（盗版举报）
网　　址	http://www.crup.com.cn		
经　　销	新华书店		
印　　刷	北京华宇信诺印刷有限公司		
开　　本	720 mm × 1000 mm　1/16	**版　　次**	2022 年 3 月第 1 版
印　　张	12.5　插页 1	**印　　次**	2025 年 3 月第 9 次印刷
字　　数	180 000	**定　　价**	49.80 元